Niza de Castro Tank

Niza, Apesar das Outras

GOVERNO DO ESTADO DE SÃO PAULO
RESPEITO POR VOCÊ

Governador	Geraldo Alckmin
Secretário Chefe da Casa Civil	Arnaldo Madeira

imprensaoficial

Imprensa Oficial do Estado de São Paulo

Diretor-presidente	Hubert Alquéres
Diretor Vice-presidente	Luiz Carlos Frigerio
Diretor Industrial	Teiji Tomioka
Diretor Financeiro e Administrativo	Alexandre Alves Schneider
Núcleo de Projetos Institucionais	Vera Lucia Wey

CULTURA Fundação Padre Anchieta

Fundação Padre Anchieta

Presidente	Marcos Mendonça
Projetos Especiais	Adélia Lombardi
Diretor de Programação	Rita Okamura

Coleção Aplauso Perfil

Coordenador Geral	Rubens Ewald Filho
Coordenador Operacional e Pesquisa Iconográfica	Marcelo Pestana
Revisão	Andressa Veronesi
Projeto Gráfico e Editoração	Carlos Cirne

Niza de Castro Tank

Niza, Apesar das Outras

por Sara Lopes

CULTURA
Fundação Padre Anchieta

imprensaoficial

São Paulo, 2004

Dados Internacionais de Catalogação na Publicação (CIP)
(Câmara Brasileira do Livro, SP, Brasil)

Lopes, Sara
Niza de Castro Tank : eu, apesar das outras / por Sara Lopes. – São Paulo : Imprensa Oficial do Estado de São Paulo : Cultura - Fundação Padre Anchieta, 2004. --
264p. : il. - (Coleção aplauso. Série perfil / coordenador geral Rubens Ewald Filho)

ISBN 85-7060-233-2 (obra completa) (Imprensa Oficial)
ISBN 85-7060-273-1 (Imprensa Oficial)

1. Mulheres cantoras – Brasil 2.Mulheres na Ópera 3. Ópera – Brasil - História 4. Tank, Niza de Castro I. Ewaldo Filho, Rubens II. Título. III. Série.

CDD 782.1092

Foi feito o depósito legal na Biblioteca Nacional (Lei nº 1.825, de 20/12/1907).

Imprensa Oficial do Estado de São Paulo

Rua da Mooca, 1921 - Mooca
03103-902 - São Paulo - SP - Brasil
Tel.: (0xx11) 6099-9800
Fax: (0xx11) 6099-9674
www.imprensaoficial.com.br
e-mail: livros@imprensaoficial.com.br
SAC 0800-123401

Para

Abílio Guedes, Alberto Camarero e Francisco Frias, que me abriram as portas do Teatro e, de quebra, me apresentaram Niza Tank

A minha outra grande amiga,
Neyde Veneziano,
agradeço por ter se lembrado

Sara Lopes

Introdução

A primeira vez que me lembro de ter visto Niza de Castro Tank foi pela televisão, numa entrega do *Prêmio Roquete Pinto*. Eu devia ter uns 7 ou 8 anos, e na sala de casa rolava uma discussão:

- *Ela é de Campinas.*
- *É nada. Ela é de Limeira.*
- *Mas mora em Campinas!*

Poucos anos depois, numa dessas noites de verão que Campinas costuma ter, fui acompanhando meu irmão e a namorada, assistir a um Recital Piano e Canto, no *Auditório do Banco do Brasil*: Niza de Castro Tank e Orlando Fagnani. Aos doze anos tudo se mistura, na imaginação da gente, e tenho a impressão de ter sonhado, naquela noite, que era uma cantora de ópera. Em 1971 eu cursava o terceiro ano de Ciências Sociais, na *PUC* de Campinas e, para ganhar algum dinheiro, secretariava e dava aulas num Cursinho Pré-Vestibular. Uma das alunas, Joan, fazia parte de um grupo de teatro e me convidou para ir a um ensaio.

O Grupo era o *META* e a peça que ensaiavam se chamava *Aquelas Pessoas Estranhas*, de Ayrton Salvagnini, um ator/autor de Campinas.

Alguns integrantes desse grupo tinham decidido montar um espetáculo infantil e estavam à procura de atores para compor um elenco. Fui convidada para fazer uma leitura do texto, acabei participando da montagem e nunca mais deixei o teatro. Os responsáveis por esse trabalho, em seus diversos aspectos, foram Francisco Frias, Abílio Guedes e Alberto Camarero. Os três viriam a se tornar peças fundamentais no teatro de Campinas, além de profissionais da mais absoluta competência, atuando em nível nacional e internacional, mas naquele momento, a maior preocupação era coordenar os horários dos nossos ensaios para que tivessem tempo de participar do coro da *Traviatta*, que estava sendo montada, em Campinas, para inaugurar o *Teatro Castro Mendes*, adaptado do antigo *Cine Casablanca*. A regência era do Maestro Diogo Pacheco, a direção de Fausto Fuser e, no papel de Violeta, Niza de Castro Tank.

Eu não estava no coro, mas encantada com tudo o que estava descobrindo, vivia a reboque dos três meninos e freqüentava os ensaios, no *Conservatório Gomes Cardin*.

Era maravilhoso ver a entrada daquela mulher em torno da qual tudo se organizava, como num sistema onde ela fosse o Sol.

Éramos todos desavergonhadamente apaixonados por Niza - nós e a torcida do Corinthians - formando uma corte pronta a segui-la e a fazer qualquer coisa por ela.

A ópera estreou e eu, na platéia, mal me dava conta do que estava acontecendo. Nosso espetáculo também estreou, sobre os praticáveis que formavam parte do cenário da ópera.

Essas duas forças, o Teatro e a Música definiram, naquele ano, o rumo que minha vida teria.

Nesse mesmo ano, Dona Nina e Seu Artur, pais de Niza, completavam 50 anos de casados. Festeira como ela só, Niza armou uma comemoração deliciosa, na casa onde moravam. Foi assim que conheci os dois da família que faltavam. Nadyr, a irmã, eu já havia encontrado regendo os ensaios do coro da ópera.

Fomos, todos, estudar canto com Niza. O único que levou adiante os estudos e uma carreira, até porque era quem tinha condições para isso, foi Francisco Frias. A mim, Niza agüentou por uns dois anos, talvez pela raridade do meu timbre de contralto, até o dia em que perdeu a paciência e me disse: - *Você escolhe se vai cantar ou se vai falar.*

Eu, àquela altura louca de amor pelo Teatro, fiz a escolha pela fala. Fiz dessa escolha minha via no Teatro e tudo que fiz, aprendi e criei para a voz do ator, tem como base o que me ensinou a única professora que tive, Niza.

Deixando de ser aluna, tinha de dar um jeito de ficar por perto: comecei a cantar num coral preparado e regido por ela e mais tarde, fui um dos dois contraltos na formação original do *Madrigal Decasom*, onde cantei por quase vinte anos.

Quando Niza foi nomeada para a Delegacia Regional de Cultura de Campinas, atrapalhada como era com papéis, me convidou para ser sua secretária particular. Aceitei sem nem perguntar mais nada. Além do prazer de trabalhar diretamente com ela, eu podia organizar minhas tarefas de modo a fazer sobrar tempo para produzir e atuar em montagens teatrais.

O que aconteceu, a partir daí, não tem muita explicação. Uma afinidade nascida de diferenças profundas, uma amizade cheia de cumplicidade onde tudo se misturava: o trabalho da Delegacia com a arrumação dos armários de partituras, o ensaio do *Madrigal* com a prestação de contas da *Semana Euclidiana*, a arrumação das gavetas do escritório com a programação do repertório de concertos, viagem para Porto Alegre com compras de supermercado... Na minha casa ou na dela... E pelo telefone... Tanto que, quando Niza se casou, passei a secretariar também seu marido, traduzindo seus textos do espanhol, e quando foi eleito presidente da *Academia Campineira de Letras e Artes*, eu me tornei secretária da *Academia*.

Chamada para os Festivais de Londrina, Niza propunha a montagem de uma ópera, e lá ia eu para fazer a direção de cena. Eu começava a montagem de um espetáculo, e lá ia ela fazer oficina de voz para os atores.

Acompanhei várias temporadas líricas no *Municipal de São Paulo*, de uma posição privilegiada, assistindo *Lakmé, Cosi Fan Tutti, Lucia di Lammermmoor, Bohéme, Il Guarany, Carmina Burana* e, em Campinas, *Colombo* e *A Noite do Castelo*, esta de dentro da cena, cantando no coro. Em cena nunca pude decidir se ela era melhor atriz ou cantora.

No palco, ela sempre soube fazer parecer que tentava o impossível e, quando conseguia, levava a platéia ao delírio. Mais de uma vez vi o público totalmente fora do controle, ao final de uma ária, chorando, aos gritos, atirando para o ar os programas, os casacos...

O fato é que Niza fez parte da melhor linhagem das divas, numa época em que o mundo tinha tempo e espaço para as divas. *Primadonna assoluta* da cena lírica do Brasil, dona de uma voz de timbre privilegiado, comovente mesmo, viveu plenamente sua glória, sem se deixar afetar por ela. Só pode acreditar nisso quem a viu, sentada num banquinho, no centro do palco, repetindo infinita e pacientemente um trecho mais complicado d'*A Noite do Castelo*, até que o Maestro conseguisse acertar a orquestra. Ou quem dividiu o palco com ela, mais uma no grupo vocal.

Quando aceitou trabalhar na *Unicamp*, no Departamento de Música, foi cheia de planos e entusiasmo. Era o começo da Universidade, era o começo do *Instituto de Artes* e ela imprimiu sua marca inconfundível às classes de Canto, pondo em prática sua máxima: *o cantor é uma individualidade que deve ser trabalhada por inteiro.*

Nas montagens que realizava com os alunos eu estava incluída, de antemão, para cuidar da cena.

E tanto fui à Unicamp que um dia, em 86, ela resolveu me levar para lá, de vez.

O *Departamento de Artes Cênicas* procurava alguém para as aulas de *Expressão Vocal*. Ela, literalmente, me pegou pela mão, me levou até a sala do Celso Nunes, Chefe do Departamento, e me apresentou como sua aluna, capacitada para assumir a disciplina. Com um aval desses...

E lá fui eu, para dizer que a fala do ator tem que tender ao canto.

Por muitos anos fizemos o mesmo horário e eu era sua carona habitual. Até porque, no percurso para a Universidade, púnhamos em dia o restante de nossas tarefas. Juntas, oferecemos disciplinas de *Extensão*, montamos *Ópera Studios*, concertos.

Quando decidi fazer o Mestrado, ela foi minha orientadora e, presidindo minha banca de defesa, formada por Neyde Veneziano e Fausto Fuser, chorou comovida.

O Doutorado de Niza não alterou muito sua relação com a Universidade: ela sempre se recusou a assumir os cargos administrativos. Eu não tive a mesma força e decisão. Acabei me envolvendo com a Chefia do Departamento, a Coordenação de Curso, a Direção do Instituto e não dei mais conta de ordenar suas partituras, nem de arrumar suas gavetas.

Organizar esse depoimento, que ela oferece como testemunho de vida, é retomar um pouco aquela antiga função para, de alguma forma, dizer que sou grata pela minha vida e pela parte dela que dividi com Niza. Todos nós, que convivemos com ela fomos, de alguma forma, presenteados por sua generosidade. Todos nós, sempre que podemos, voltamos a procurá-la, pelo simples prazer de vê-la e conversar com ela. Antes de encerrar o texto desse livro, fui mais uma vez à sua casa para mostrar-lhe algumas provas e tive a alegria de ver, novamente, a Niza de sempre: a que faz o Loreco dançar, a que canta com os passarinhos, a que discute com as cachorras, a que conta piadas, a que aplica injeções, a que prepara concertos, tudo orquestrado, como se fosse a coisa mais natural do mundo ser Niza de Castro Tank.

Mesmo sabendo a resposta, perguntei a ela se a carreira havia lhe deixado alguma mágoa.

- *Nenhuma. Que mágoa eu posso ter se continuo tendo o respeito, o carinho e a admiração do meio artístico? Os esquecimentos eventuais ficam por conta dessa arte que só existe enquanto a gente faz.*

- Tem alguma coisa que você gostaria de dizer, pra completar?

Ela me olhou, com os olhos acesos, sorriu e cantou:

- *Começaria tudo outra vez...*

Capítulo I

Infância - Limeira

Meus pais foram Arthur Jorge Tank, descendente de uma leva de imigrantes alemães que chegou ao Brasil em 1850, e Nicolina Ferreira de Castro, filha de brasileiros descendentes de portugueses e espanhóis.

Meu pai era alto, bonito, 1,80 m de altura, olhos verdes, estampa de brasileiro novo, pronto para criar uma brasilidade orgulhosa, honrar o trabalho e fazer da honestidade a referência mais nobre de sua vida. Minha mãe, filha de um próspero fazendeiro de café, era a nona de onze filhos. Quando os bonitos olhos verdes de meu pai fitaram a meiguice da moreninha brejeira, filha do Sr. Joaquim, não podia acontecer nada diferente... Veio o namoro, o noivado e o casamento feliz que durou 54 anos, até que ela o deixou, entregue às duas filhas e ao genro.

Quando eu nasci, em 10 de março de 1931, minha mãe já tinha outra filha, minha irmã Nadyr, nascida em 31 de julho de 1925.

Duas outras irmãzinhas faleceram. Éramos, então, uma família de quatro pessoas.

Meu pai tinha uma casa na esquina da Rua Senador Vergueiro, na baixada do centro de Limeira, que leva ao Bairro da Boa Vista. Hoje ainda se pode ver o pontilhão para pedestres sobre os trilhos da *Companhia Paulista de Estradas de Ferro* e sobre o Ribeirão Tatu. Nossa casa grande, cheia de quartos, confortável e arejada, tinha um grande quintal, onde papai cultivava uma horta em suas horas de lazer; a jabuticabeira nos presenteava com uma carga de frutos todos os anos.

Na frente de nossa casa havia uma padaria, propriedade da Tia Juventina. Subindo a ladeira, duas ou três casas acima, na calçada contrária à minha casa, ficava o casarão de minha avó paterna, com uma porta e sete janelas. Nessa mesma rua, um pouco mais acima, morava uma poetisa: Cecília Quadros.

Esse pedaço de Limeira se confundia com a nossa família e foi aí que comecei a sentir a vocação do amor ao canto, com as canções de berço que meu pai cantava. Ele não era cantor, mas tinha uma voz terna e doce. Aos três anos e meio eu fiquei doente, estava magrinha e, no imenso corredor da casa de minha avó, meu pai tentava me fazer dormir, cantando. Eu pedia que ele cantasse "aquela", que evidentemente ele não sabia qual era. Meu pai, com trinta anos e uma paciência de santo, desfilou todo o seu repertório; a cada música, eu negava, chorando... - *Não! Eu quero aquela.*

Mais ou menos às três da manhã, por fim, meu pai cantou um schottisch alemão e eu dormi. O repertório vinha de minha avó que, além de cantar, também me ensinava a dançar.

A casa onde nasci tinha, em outros tempos, um armazém, que foi de meu avô, e que passou para o meu pai; pouco entusiasmado pelos negócios, ele se desfez da venda e se tornou, por meio de um concurso, Funcionário Público da Secretaria da Fazenda. Apesar de seus estudos terem sido limitados, pois em Limeira, naquela época, só havia curso primário, meu pai possuía uma vocação autodidata que, junto com os estudos, possibilitou a ele bons conhecimentos.

Itatiba

A vontade de triunfar na vida tinha, para meu pai, um significado tão profundo quanto sua religião cristã. Ele estava começando uma carreira no *Ministério da Fazenda* e era natural que passasse por todas as dificuldades de um iniciante. Desta maneira, para seu próprio bem, meu pai era vítima de uma espécie de nomadismo.

Era removido freqüentemente de um lugar para outro, logo que começava a conquistar uma posição social e simpatias onde estava.

Foi assim que chegamos a Itatiba, quando eu tinha cinco anos de idade. Nossa casa ficava na Praça da Matriz. Minha infância despreocupada e feliz, nesse período de seis meses de permanência na cidade, me traz poucas recordações: meu cachorro Tico, que roubava frangos das casas da vizinhança para trazer para minha mãe, é uma delas. Era uma vergonha! Eu tinha de sair perguntando pela vizinhança se faltava um frango em alguma casa, e devolvê-lo, com as desculpas de mamãe. Nas manhãs de domingo eu ia à

Matriz e me encantava com o som do órgão e do coral nas missas. Aí começaria meu namoro com a música, porém, como já disse, tivemos de fazer malas de novo porque, após seis meses, meu pai foi removido para Potirendaba.

Potirendaba

A característica das pequenas cidadezinhas paulistas era quase sempre a mesma. Todas tinham esse corte latino, com uma praça no centro da cidade, uma igreja matriz, uma farmácia de algum ilustre homem do povo, um médico distinto, a polícia e um ou outro sobrado de gente mais importante.

Potirendaba não fugia a esse esquema, com seus 5.000 habitantes, mas não deixava de provocar sonhos sentimentais nos jovens, que passeavam romanticamente, dando voltas ao redor da praça. A cidade era agropecuária, mais agrícola, na verdade, e tinha dificuldades com a irrigação das plantações.

Bem longe passava, majestoso, o Rio Tietê que, embora distante da cidade, mandava uma brisa refrescante quando batia o vento, o que era muito agradável.

Minha mãe, profundamente enamorada da natureza, às vezes ia ao Salto de Avanhandava para visitar a maravilhosa queda fluvial, e seu sonho sempre foi ver, algum dia, as cataratas da Foz do Iguaçu e banhar seus olhos com aquele espetáculo maravilhoso das torrentes de águas prateadas.

Recordando hoje aquela época de nossa transferência para Potirendaba, eu tenho de rir com muita saudade e, embora vá acabar repetindo, mais à frente, algumas passagens, faço questão em contá-las, porque fazem parte de minhas recordações.

Ao receber a notícia de sua promoção para Coletor Estadual, meu pai e minha mãe se debruçaram sobre um mapa, a fim de encontrar a cidade. Naquele mapa Potirendaba não existia. A cidadezinha ficava a 30 km de São José do Rio Preto. Ficamos lá por quatro anos, e é dessa fase que guardo vivas recordações, principalmente em relação à música. A cidade, como todos os pequenos lugares do interior, era cheia de encantos. Cheia de provincianismos, transmitia uma paz melodiosa, inspirando, imediatamente, confiança. Possuía, além da pequena igreja, uma escola primária, um cinema, um hotel com o pomposo nome de Roma, a Coletoria, dois médicos, dois farmacêuticos e, além de outras coisas, a passagem freqüente de pequenos circos e a constante presença de ciganos.

Tínhamos uma casa grande, de esquina, com um salão que abrigava a Coletoria e uma continuação que dava acesso à casa. O alpendre, todo rodeado de trepadeiras, dava entrada para uma sala, três quartos e uma cozinha com fogão a lenha, onde meu gato dormia.

A rua onde se localizava a casa, assim como em quase toda a cidadezinha, não possuía calçamento. O pequeno trânsito de carroças, cavalos e, vez por outra, algum carro ou caminhão, levantava uma poeira densa que invadia a casa e a Coletoria. Em princípios de janeiro, no começo dessa rua, que não tinha mais que três quadras, ouvia-se um canto estranho, gutural e agudo que anunciava a passagem da *Bandeira do Divino*, manifestação religiosa popular que a cidade conservava. Era um grupo de mais ou menos 15 pessoas que vinha cantando e tocando em louvor ao Divino Espírito Santo. O mestre carregava, à frente do grupo, um mastro de bandeira com a figura de uma pombinha, que representava o Espírito Santo, bem no alto e, um pouco abaixo, um punhado de fitas coloridas. Diante de cada casa, esses cantores paravam e apresentavam seu repertório.

Diante de nossa casa a demonstração artística era maior porque meu pai, por ser o *Coletor Estadual*, era considerado uma autoridade, assim como o médico, o delegado e os farmacêuticos. Minha mãe, que já sabia de antemão da passagem da *Bandeira*, preparava uma prenda, quase sempre um maravilhoso frango assado recheado com farofa. Após a cantoria e a entrega da prenda, o mestre do grupo dava a mamãe uma fita do mastro da Bandeira. E dali eles continuavam, cantando felizes a alegria verdadeira do povo.

As prendas recolhidas nas várias casas eram levadas à Praça da Matriz onde, à noitinha, todos se reuniam para cantar e dançar junto com a

Bandeira, em louvor ao Divino Espírito Santo.

A igrejinha da cidade era dirigida por um padre espanhol. Ele trouxe de sua terra costumes religiosos e fazia questão de revivê-los: era o que acontecia nas festas de Santo Antão, padroeiro dos animais.

No dia do santo, o padre organizava uma procissão na qual os fiéis levavam seus bichos de estimação; os meus olhos de criança se encantavam com a abertura da procissão, que também passava por nossa casa, tendo à frente garbosos cavaleiros com seus animais enfeitados com peitorais prateados e, no centro da formação, um cavaleiro montado num cavalo branco, portando o estandarte de Santo Antão. Nas filas laterais, vinham as pessoas puxando ou carregando cachorros, gatos, galinhas, patos e todo tipo animais.

No final da procissão, a bandinha de música e, atrás dela, os fogueteiros, incumbidos de soltar rojões. A procissão se dirigia à Matriz e ali o padre abençoava os bichos.

Outras manifestações religiosas também aconteciam, representadas por pessoas: as imagens eram pouco usadas nas procissões; assim, na Sexta-Feira Santa, assistíamos a um verdadeiro teatro religioso de rua.

O Cristo passava carregando sua cruz, os soldados romanos, vestidos a caráter, chicoteavam-no e amarravam-no à cruz quando a procissão chegava no Largo da Matriz.

A cruz era levantada com o Cristo, interpretado por um italiano robusto e corado de longa barba cacheada e que deixava crescer seus belos cabelos negros, especialmente para essa ocasião.

Ao pé da cruz, Maria, João, o discípulo amado,

Maria Madalena, soldados e Verônica.

Sempre me causou muita emoção a tristeza e a solidão que o canto das Verônicas transmite, nas noites das Sextas-Feiras Santas, ao povo que assiste e participa das procissões.

Naquele tempo, eu nunca poderia imaginar que, anos mais tarde, muito mais tarde, eu iria emocionar o meu público, o público de Campinas, com um *Canto da Verônica* escrito por Antonio Carlos Gomes, especialmente para as procissões de Sexta-Feira Santa de sua terra natal.

Esse *Canto da Verônica* foi uma das primeiras

composições de Carlos Gomes e traz, sem dúvida nenhuma, todas as características religiosas, melódicas e, sobretudo, a linha operística do compositor.

Todo o drama do texto em latim que diz: *"Ó vós, que passais pelas ruas, olhai e vede se há dor igual à minha"*, Carlos Gomes passou magistralmente para sua composição, uma das primeiras do jovem compositor.

No mês de maio, uma outra manifestação religiosa acontecia pelas ruas da cidadezinha: a procissão festiva em louvor à Virgem Maria, culminando com o ato da Coroação. Aí começou minha carreira artística. Como e porquê?

O vigário da cidade queria que uma criança, com menos de sete anos, cantasse na Praça da Matriz durante o ato da Coroação. A diretora do coral, D. Palhinha, se ocupou da realização dos testes para a escolha da criança. Foram mais de trinta crianças da Escola Primária ouvidas pela professora e então, apesar das outras, fui a escolhida. Enquanto dois anjos coroavam a Virgem, ao final da procissão, eu, em cima de um pódio, fazia minha primeira exibição pública.

Depois disso, passei a ser a cantora oficial da escola e aprendi uma coleção de cantos infantis, muitos deles junto com minha irmã, apesar de só poder contar com sua companhia nas férias: a diferença de cinco anos e meio existente entre nós duas fazia com que ela ficasse distante de mim, interna no *Colégio Santo André* de São José do Rio Preto.

Fui criança sozinha e sempre tive dificuldade para fazer amizades, apesar de meu temperamento extrovertido. De Potirendaba, guardo em minha lembrança três ou quatro amiguinhos: Marinho e Mariinha, filhos do Dr. Réa; Rosinha, filha do Sr. Bicharra, vizinhos de nossa casa e que eram de procedência árabe.

Marinho, o filho do médico, era meu companheiro de escola e morava a umas três ou quatro casas da minha. A escola ficava a uma quadra e meia de nossa casa. Nos primeiros dias de aula do primeiro ano do Grupo Escolar, já recebendo lições e deveres para casa, tínhamos respeito e temor por nossa professora, D. Cidinha.

Jovem e enérgica, ela usava métodos bem pouco pedagógicos para disciplinar os alunos.

Na verificação da *"lição para casa"* ela caminhava, de carteira em carteira, fazendo perguntas aos seus estudantes e esperando a resposta com uma varinha de marmelo nas mãos. Se a resposta não era correta, ela obrigava a criança a colocar os dedos sobre a da carteira e, sorridente, aplicava uma varada nos dedinhos do aluno.
Marinho ocupava a terceira carteira e eu, a quarta. Quando vinha chegando minha vez de responder, comecei a prever o que me esperava. Então, quando a resposta incorreta de Marinho o fez receber o castigo, eu *não esperei minha vez e saí gritando*, porta afora, cheguei ao imenso portão da escola que, até hoje, não sei como pulei, alcançando a rua.
Continuava aos gritos - e que gritos! - alarmando as pessoas que iam aparecendo nas portas das casas para saber o que estava acontecendo. O médico, Dr. Réa, abandonou um cliente e papai largou a Coletoria para me encontrar e me levar para casa carregada, ainda aos gritos.
Quando finalmente consegui explicar:
- A professora bateu no Marinho e eu também ia apanhar se não fugisse.

Armou-se uma revolução. Meu pai e o médico foram juntos ao Grupo Escolar e... Como resultado da conferência com o Diretor da escola, a professora foi afastada.

Meu canto e meus gritos sempre foram ouvidos!...

Lembro dos circos mambembes, os pseudo-rodeios, o cineminha do bairro, meus bichinhos de estimação, minha inesquecível arara, que viveu 36 anos comigo, e... Os ciganos.

Não sei porque Potirendaba estava na rota desse povo. Bonitos, musicais, coloridos em seus trajes exuberantes, os ciganos me encantavam. Eles significavam, para mim, toda a fantasia que uma menina podia imaginar. Eram as fadas, eram as mágicas, eram as bruxas que roubavam crianças, eram as dançarinas, eram tudo o que construía um mundo de fantasia irreal com que as crianças sonham. Numa ocasião os ciganos armaram 21 tendas, uma quadra acima de nossa casa. Eu sabia que, segundo as lendas, os ciganos costumavam roubar crianças, e por isso as famílias da cidade prendiam seus filhos em casa. Eu fugi de mamãe e fui ver de perto como era a casa deles. Que maravilha! Abri uma fresta da lona que fechava a barraca e meus olhos de criança viram uma coleção de tachos, de bacias reluzentes como ouro, tapetes espalhados e enrolados a um canto, redes e almofadas; enfim, um amontoado de objetos que eu nunca havia visto. Num canto da tenda, uma cigana grande, gorda, corada, fez um gesto, pedindo que eu chegasse mais perto.

- *Vem cá, menina, quero ver você.*

Minhas pernas, finas e compridas, deram o máximo e eu cheguei em casa em poucos minutos. Com a respiração ofegante, consegui contar a mamãe o que tinha acontecido. Acredite ou não, um pouco depois a cigana bateu à porta de casa perguntando por uma criança de cabelos loiros compridos. Mamãe, polidamente, dispensou-a e delicadamente aplicou em mim uma dose de seu chinelo mágico.

Foi mais ou menos pelos meus sete anos de idade que papai resolveu dar de presente, a mim e a minha irmã, um belíssimo piano *Zimmermann*. O presente era muito mais para Nadyr, que já cursava o terceiro ano de piano no *Colégio San-*

to André de Rio Preto, do que para mim. Meu maior prazer era encontrar o piano destrancado, para poder batucar alguma coisa que eu chamava de música. É evidente que esses momentos eram raros e curtos, pois minha mãe cuidava muito bem do piano, para que não desafinasse com o meu batuque.

No período das férias de Nadyr, quando ela vinha para casa, organizávamos funções teatrais no quintal. Eram espetáculos circenses com números que eu via e aprendia dos palhaços como, por exemplo, rolar na tábua sobre garrafas, equilibrando-me com meus fracos 25 kg, enquanto ela animava a *"platéia"* a me aplaudir. Certa vez, fizemos uma grande roda de arame, enrolada com panos encharcados de álcool; ateamos fogo e eu, depois de tomar distância, vim cantando e pulei, atravessando a roda. Essa proeza foi realizada apenas uma vez porque mamãe me esperava do outro lado e, apesar dos aplausos da *"platéia"*, o meu canto virou pranto graças ao delicado chinelo. Foi o fim dos espetáculos.

Marília

Como não podia deixar de ser, outra promoção de papai não demorou muito. Ele estava fazendo uma carreira brilhante na *Secretaria da Fazenda*, e era natural que fosse escalando, cada vez mais, posições superiores. No final do ano de 1939, foi removido para Marília, cidade nova, com fortes tendências urbanas.

Nossa mudança tinha, na verdade, o aspecto de um circo. O papagaio, a arara e o cachorro receberam caixotes especiais, feitos com tela de arame e viajaram de trem pela *Companhia Paulista de Estradas de Ferro*; os móveis foram transportados num caminhão. Nós seguimos no mesmo trem que a bicharada e a minha maior preocupação eram eles, principalmente a arara.

Papai já tinha providenciado, em Marília, uma pequena casa, situada à Rua Amazonas. Nadyr ficou outra vez interna no *Colégio São José de Limeira* e eu fui matriculada no *Colégio Sagrado Coração de Jesus*, de Marília.

Não é que não tenha tido saudades de Potirendaba. Tive, e até muita: senti muita pena de abandonar, de repente, aquele ritmo travesso porque eu era sempre, em meus jogos, a mandona e a diretora do grupo. Porém, isso não era importante. O que mais me doía era deixar o ambiente todo.

A casa grande, as ruazinhas idealizadas pela minha fantasia, o carinho que eu pensava que todos da cidade tinham por mim. E, de fato, todos me queriam bem, apesar de meu modo estabanado de agir, que dava a impressão de que eu fosse diferente do que era, na verdade.

Agora, adulta, eu experimento a sensação de ter vivido minha infância intensamente e de não ter guardado frustrações e não me lembro de ter sofrido, em nenhum momento de minha vida, complexos de qualquer tipo, graças à infância exuberante que tive.

Não foi necessário muito tempo, apenas dois meses, para as freiras do novo Colégio descobrirem que tinham uma pequena cantora na classe do terceiro ano primário. E lá estava eu, apesar das outras, cantando, vestida de borboleta, num bailado em que oito meninas dançavam, vestidas de rosas.

A música que eu cantava, enquanto beijava as flores, era *Comme les Roses*. O quadro foi um sucesso.

Eu não era a única cantora da minha casa. Além de Nadyr, que também possuía bonita voz, minha arara começava a aprender a difícil arte do canto. E foi ela que, certa noite, salvou todos nós com sua voz estridente. Mamãe não percebeu que havia deixado, por um descuido, a torneirinha do gás da cozinha aberta.

Todos dormiam e, ali pelas duas da madrugada, a arara, que à noite era recolhida a um quartinho de despejo ao lado da cozinha, começou a cantar e a chamar por minha mãe:

- *Vó... Vó... Vó... Vó!*

Mamãe acordou com aquele chamado e, quando nos levantamos, sentimos o forte cheiro de gás que invadia a casa. Bendito o canto daquele pássaro!

Ficamos em Marília apenas um ano, e papai foi de novo removido para Limeira.

Limeira

Voltamos, pois, à terra onde nasci. Era o ano de 1940 e eu já tinha completado nove anos, idade suficiente para apreciar o calor do retorno ao berço da minha infância. Voltei a cheirar os deliciosos laranjais que perfumavam a cidade por onde quer que se fosse. Reconheci o bairro onde havia nascido, e em cujas imediações ainda moravam parentes e amigos. Sem dúvida alguma, tive a sensação de que voltávamos para casa.

Vivemos em Limeira de 1940 a 1945. Fui matriculada no *Colégio São José*. Minha alegria maior foi saber que eu tinha direito de estudar piano. Minha professora, uma freira gordinha, morena e muito enérgica, era também professora de canto orfeônico e daquela matéria que era o terror da minha vida: *Matemática*. Irmã Maria Gertrudes. Dizer o quanto amei a esta freira é quase impossível. Logo de início ela percebeu, nas aulas de canto orfeônico, que eu tinha raras qualidades como cantora; já como estudante de piano, minha mão, muito pequena, punha limites; e como aluna de matemática era um desastre. Porém, Irmã Gertrudes, para minha alegria, tinha uma atração muito maior pela música do que pelos números. Antes de se consagrar a Deus, ela havia sido concertista de piano. Quando eu estava no Colégio, e mesmo depois, ela fazia aulas especiais com o inesquecível mestre e concertista Fritz Yank. Foi esta religiosa que, decididamente, descobriu que a menina de dez anos seria uma artista.

Magra, quase esquelética, pálida, só me sobrava uma imensa cabeleira loira e um talento musical fora do comum.

As aulas de Educação Física eram obrigatórias e, para freqüentá-las, os alunos tinham de se submeter a um exame biométrico, avaliando, entre outras, a capacidade respiratória. Lembro que tínhamos de soprar em um tubo que movimentava um êmbolo, que media quantidades de ar. Minhas companheiras todas alcançavam, em média, dois litros ou mais de ar. Eu vinha na fila, atrás de uma companheira chamada Ruth Buzzolin. Ela conseguiu soprar 3 litros! 3.200 g de ar que pioraram minha situação, pois consegui, a duras penas, 1.200 g. Foi um vexame.

O médico, Dr. Reynaldo Kuntz Busch, imediatamente anotou na sua ficha que eu estava impossibilitada para exercícios físicos e, após um exame mais detalhado, anotou também que eu tinha extra-sístole e arritmia cardíaca. Guardei esses termos pelo seu sentido fonético e não pelo real significado médico. Anos mais tarde, no final de um *Rigoletto*, em São Paulo, no *Teatro Municipal*, este querido médico veio-me abraçar e se perguntava como a menina de *"pouco ar"* podia realizar a façanha respiratória necessária para executar a linha de canto em Verdi.

Meus estudos continuaram no colégio e eu acreditava que enrolava a freira e as aulas de matemática com a desculpa de estar ensaiando para as festas em Limeira, com o *Bailado das Rosas*, o minueto de Paderewesky, cenas de Albeniz etc., etc. Uma vez, a Irmã organizou a montagem de uma peça teatral, *Santa Terezinha e o Menino Jesus*. Por minha voz e meus lindos cabelos loiros, fui escolhida, apesar das outras, para ser o Menino Jesus.

Meus cabelos longos chegavam até a cintura. Os ensaios da peça transcorriam em ritmo normal e, por conta de não freqüentar as aulas de matemática, Irmã Gertrudes, percebendo meu jogo, e para poder me avaliar em sua matéria, elaborava longos exercícios para casa, que eu tinha de apresentar.

Remexendo nas gavetas, em casa, encontrei um santinho com a figura de Santa Terezinha e o Menino Jesus. E qual não foi meu espanto ao verificar que o Menino tinha... Cabelos curtinhos e bem encaracolados! Não tive dúvidas. Na saída do Colégio, fui ao cabeleireiro de mamãe, Sr. Armando de Déa. Disse a ele que minha mãe tinha pedido para fazer uma *"permanente bem curta e bem crespa"* no meu cabelo.

- *Permanente?*

O homem me olhou espantado, mas, diante da segurança de minha afirmação de que era desejo de mamãe, não teve outro recurso. Cortou meus cabelos e fez a permanente... Que ficou horrível, apesar das qualidades profissionais do cabeleireiro. Ao chegar em casa, e depois de passado o susto de mamãe, quase apanhei;

o mesmo se repetiu com a Irmã Gertrudes, no dia seguinte. A festa foi um sucesso, mesmo porque Terezinha Serra, hoje Von Zuben, tinha um porte e uma beleza inigualáveis para encarnar o papel da Santa. E meu cabelinho até que não ficou tão mal assim...

Minha vida no colégio continuava em ritmo de festas e apresentações de canto; porém minhas amídalas não me davam tréguas. Com quase treze anos, eu já tinha feito uma romaria aos consultórios médicos e sempre ouvia a mesma resposta: operação. Um dia, depois de uma festa onde cantei o *Canto da Saudade*, de Alberto Costa, fui cumprimentada pelo Dr. Teixeira da Mata que, finalmente, disse que um bom tratamento resolveria meu problema, sem a necessidade da tal operação, que tanto me assustava. Confiei no médico e me tornei sua amiga.

Esqueci de contar que, na quadra onde eu nasci, nasceram também um Bispo - Dom Idílio José Soares - e dois sacerdotes - Padre Waldomiro Caran e Padre José Busch. Quis contar isso, agora, porque cantei na ordenação do Padre Caran, Cura da *Catedral Metropolitana de Campinas*. Cantei, de Cezar Franck, *Panis Angelicus*, junto com minha irmã.

Em 1998, nos preparativos para as Bodas de Ouro do Cônego Caran, ele, onde quer que me encontrasse, lembrava o compromisso:

- *Veja lá, minha filha. Meu Jubileu de Ouro está chegando e eu não vou abrir mão de ouvi-la repetir, na minha missa de comemoração dos cinqüenta anos de sacerdócio, o Panis Angelicus de César Frank.*

A missa das Bodas de Ouro de Cônego Caran foi celebrada na *Catedral Metropolitana de Campinas*, e eu pude realizar seu desejo, na mesma ocasião em que se tornou Monsenhor.

Com a Catedral superlotada e numa concelebração de bispos e sacerdotes, eu tive o prazer de cantar o *Panis Angelicus*, acompanhada ao órgão da Catedral, por Maria Cecília Coppo Ribeiro, grande concertista, maravilhosa cantora, musicista ímpar, aqui em Campinas. A surpresa ficou por conta dos aplausos que recebi, durante a cerimônia religiosa, da Catedral toda.

Vamos voltar a Limeira. Em 1944, Irmã Gertrudes organizou um concerto no *Colégio São José* e preparou-me para cantar uma peça bastante difícil, o *Aleluia*, de Mozart. Foi a última apresentação que fiz no Colégio, como aluna. Isto porque, no princípio de 1945, retomamos o destino cigano de meu pai, que foi removido para Campinas, desta vez ocupando o cargo de *Tesoureiro da Secretaria da Fazenda Regional de Campinas*. Tive muito sucesso com essa obra de Mozart e foi por meio dela que vislumbrei minha carreira artística.

Agradecer, simplesmente, à Irmã Gertrudes não seria suficiente. Ela anteviu, no despertar da minha vida adolescente, todo o brilho que eu poderia ter como futura artista, bem como as dificuldades, que ela adivinhava. Foi a grande fada madrinha de minha vida, a quem devo toda a gratidão e a devoção maior que, como ser humano, posso ter.

Quinze dias antes de eu completar meus 14 anos, deixamos Limeira para vir para Campinas. Minha querida Limeira, de grandes, ternas e inesquecíveis lembranças. Meus tios, meus avós, meus primos, minhas amiguinhas, meu colégio, minhas ruas, minha cidade natal.

Capítulo II

Adolescência - Campinas

Campinas sempre foi uma cidade grande, com ares de provinciana. Quando cheguei aqui, as luzes da cidade já brilhavam nas esquinas, com semáforos civilizados. No *Teatro Municipal* vibravam as vozes privilegiadas de cantores famosos e passos de dança, até de bailarinos do *Bolshoi*, atravessavam o palco. A Catedral simbolizava a fé católica em todos os limites da cidade, porque sua arquitetura inspirava devoção e respeito, e a Barão de Jaguará era, sem dúvida, a rua mais cobiçada por comerciantes e pedestres. Seus grandes hospitais, seus colégios importantes davam à cidade a beleza de uma jóia, justificando o título de *Princesa D'Oeste.* Para cá veio a mudança do "circo". Plantas, bichos, passarinhos, minha arara... Fomos morar em uma casa pequena, de fachada amarela com uma única porta, no 318 da Rua General Osório, a meia quadra da Av. Andrade Neves, que já prometia ser uma grande avenida, com sua saída para o Chapadão. Por essa rua transitavam os Bondes *nº 2 - Vila Industrial, nº 8 - Bonfim* e *nº 5 - Estação*. Este último subia a General Osório e descia a Treze de Maio. Era o bonde que mais utilizávamos.

Nadyr ingressou na *Faculdade de Filosofia, Ciências e Letras*. Eu fui matriculada no *Colégio Sagrado Coração de Jesus*, na 3a série ginasial. O Colégio era austero e as irmãs Calvarianas, de educação francesa, se incumbiam de nos transformar em gente civilizada, à moda francesa. Além das matérias exigidas no currículo escolar, tínhamos aulas de polidez, civilidade, boas maneiras, e recebíamos, conforme nosso bom comportamento e desenvoltura, uma medalha chamada *Cruz de Honra*. Consegui ganhar esta medalha, tão cobiçada por minhas colegas, uma única vez. Confesso que não foi fácil para mim, nem para as freiras. Porém, hoje compreendo e dou valor àquele tipo de educação que me deu postura corporal correta e comportamento social à altura dos salões que acabei freqüentando durante minha carreira artística.

Nunca cometi uma gafe nas mesas de banquete

e sempre fui elogiada por minha postura ao sentar-me, e também pelo meu diálogo comportado. Benditas freiras francesas!

Lembro-me que, durante a carreira artística, quando convidados para banquetes, meus colegas procuravam sentar sempre ao meu lado, para seguir meu comportamento à mesa. As aulas do Colégio deram-me conhecimento do uso de talheres, copos, lavanda etc. Tenho ainda, na memória, a gafe cometida por um de meus companheiros que, após saborear codorna, bebeu a água da lavanda. E de um outro que tentava, a duras penas, serrar a casca em forma de concha onde fora servido siri. E quantos outros tentaram comer pistache com casca e tudo. Quanto aos copos e taças, a confusão era completa.

Não os censuro: eu também faria a mesma coisa, se não tivesse tido a oportunidade de estudar em um colégio francês.

Apesar do salário mediano de meu pai, ele me presenteava com os estudos de piano e canto. Porém fazia questão de que meus professores fossem do sexo feminino.

Indicaram-me dois famosos professores de piano, em Campinas: Professora Dalva Tírico e Professor Orlando Fagnani. Devido à exigência básica de papai, a opção foi pela Professora Dalva Tírico.

Eu não podia imaginar que, alguns anos mais tarde, iria conhecer Orlando Fagnani e trabalhar com ele durante 25 anos. Dessa ligação vou falar mais detalhadamente, daqui a pouco.

Em novembro de 1945, as irmãs do Colégio organizaram uma festa, em benefício das *Missões*, no *Teatro Municipal* e eu fui escalada para repetir o *Aleluia*, de Mozart. Dois dias após o evento, um jornal de Campinas noticiava não só o êxito da festa, como também trazia um belíssimo comentário do jornalista José de Castro Mendes que, admirado, elogiava a atuação da jovem cantora; admirado, eu disse, porque ficou sabendo que a menina não estudava canto... Ainda. E terminava seu comentário dando um conselho: que ela procurasse um professor de canto. Imagine você a minha importância, ao ler pela primeira vez meu nome em um jornal, e ainda por cima com elogios! Fiquei insuportável e meus pais tiveram que ouvir diariamente:

- Tenho de estudar canto... O jornalista falou!
Depois de um mês desse estribilho, finalmente papai autorizou-me a procurar uma professora para meus estudos. Não a encontrei. Porém, falavam maravilhas de um professor de canto chamado Sylvio Bueno Teixeira e foi com ele que comecei, continuei e completei meus estudos de canto. Somente com ele.

Enérgico, sábio, profundo conhecedor da matéria, professor Sylvio, logo nas primeiras aulas, percebeu que tinha em suas mãos um excelente material e um talento inato. Não pensem que foram fáceis meus estudos com o professor. Ele era de uma exigência sem limites e, eu, não muito estudiosa da parte teórica: de cantar eu gostava, mas tinha que aprender sobre ressoador, caixas acústicas, musculatura, ossatura, diafragma, intercostais, etc., etc. O professor Sylvio, além de professor de canto, foi um excelente foniatra e seu trabalho com surdos-mudos é reconhecido em todo o país. Devo muito a ele; orientou-me não só no canto, mas também na minha vida pessoal.

Quantas vezes eu chegava às 7h30 - porque era

este o horário que ele me reservava - acompanhada por um namoradinho, e o professor, que não deixava o rapaz entrar, após a aula fazia um sermão a respeito da minha liberdade pessoal e me aconselhava a não me envolver sentimentalmente, pois isso iria prejudicar minha carreira artística. Dizia ele: - *Casamento, minha filha, só depois dos trinta anos.*

Meu querido mestre, eu sempre soube que era sua aluna predileta, apesar das outras companheiras de estudo, Nilze Míriam Araújo Viana, Norma Vicente, e de meus companheiros, Lineu Pastana, Henrique Rocha, Alberto Medaljon, e outros tantos.

Um belo dia, o professor Sylvio me convidou para acompanhá-lo até o *Conservatório Campinas*, da Professora Olga Rizzardo Normanha, onde ia fazer parte de uma banca de exames. Lá, o professor resolveu fazer uma exibição de sua mais nova aluna: cantei para a diretora do Conservatório e ela se transformou em minha *"fada madrinha"*. Ofereceu-me, imediatamente, uma bolsa de estudos pelo conservatório.

A minha diplomação em canto, então, foi pelo

Conservatório Campinas. Desde essa época, a Profa. Olga se tornou minha admiradora. Esse sentimento é recíproco porque, além de grande pianista e professora de piano, ela foi uma mulher de muita fibra e coragem, à frente de seu conservatório.

Esposa e mãe dedicada, Olga falava com carinho de seu marido, Dr. Edgar, e com orgulho, de suas duas filhas pianistas: Elisabeth e Regina. Fui contemporânea das duas, e posso dizer que as considero parentes, pelos laços fortes de amizade e muito amor que me unem a esta extraordinária artista que Deus pôs em meu caminho. Elegantíssima, vaidosa, chique, cada vez que a encontro, digo: - *"Sempre embrulhada para presente..."* Uma única vez eu a vi, na cabeleireira, com os cabelos lavados, e ela me pediu desculpas por estar desarrumada. Obrigada, querida professora Olga, por você existir em minha vida.

Quando terminei meu curso ginasial, estava em pleno quarto ano de piano e, mais ou menos, dois anos de canto.

Era costume, na época, que as meninas fizessem o Curso Normal, que formava professoras primárias, e meu pai não ia me deixar fugir à regra. Eu, que nunca tive vocação para ensinar crianças, não queria fazer esse curso, mas sim Canto Orfeônico, oferecido pela *Faculdade de Filosofia de Campinas*. O curso era noturno. Meu pai não aceitava essa possibilidade. Fiz um acordo com ele:

- *Eu faço o Curso Normal e, em troca, o senhor me dá autorização para eu fazer, também, o curso de Canto Orfeônico.*

Papai aceitou, pensando que eu não agüentaria estudar das 12 às 17 horas – o Curso Normal - e das 19 às 23 horas – o Canto Orfeônico. Isso sem contar que, duas vezes por semana, tinha aulas de piano e, duas vezes por semana, tinha aulas de canto, no período da manhã. Foi uma época dura, mas consegui: a formatura como Professora Primária foi em 11 de dezembro de 1949 e, no mesmo ano, no dia 23 de dezembro, a diplomação em Canto Orfeônico.

No curso de Canto Orfeônico, evidentemente, os alunos participavam de um coral. A classificação das vozes era feita à maneira antiga e às pressas. Não sei porquê, era costume, naquela época, classificar vozes pela estatura, pelo peso e pela fala, prática absolutamente errada. Com 1,70 m de altura, eu fui destinada ao grupo dos contraltos, apesar dos meus protestos. O professor dizia que era ele quem entendia do assunto. Após três ou quatro ensaios, comecei a ficar rouca e, por mais que eu reclamasse por estar em grupo errado, a explicação era sempre a mesma: *"mulheres altas - vozes graves"*. Após um mês de suplício cheguei determinada, um dia, a convencer o professor do erro em minha classificação vocal. Expliquei-lhe delicadamente que eu estava em classificação errada e ele, irredutível em seu ponto de vista, não me deixou outra alternativa: vocalizei a ária da *Rainha da Noite*, um tom acima. Problema resolvido. Debaixo de aplausos dos colegas, passei para o grupo dos sopranos.

Meus estudos de canto se desenvolviam lindamente. Além do professor Sylvio e de D. Olga Normanha, ganhei mais um admirador, o Professor Oswaldo Serra, que era o co-repetidor dos alunos do professor Sylvio. Festas, recitais, concertos eram freqüentes e o Maestro Serrinha, como o chamavam carinhosamente, estava sempre ao nosso lado, repetindo pacientemente nosso repertório. Era uma figura muito especial, delicado, sempre disposto; ficou um pouco surdo, quase ao fim da vida, e usava um aparelho para graduar a intensidade do som. Ele me dizia que, pela penetração da minha voz superaguda, tinha que estar sempre regulando seu aparelhinho. Lembro-me de uma ocasião em fui um pouco cruel com ele. Acontece que ele estava sentado ao piano em um desses banquinhos de três pés e, durante a introdução de *Filles de Cadix* de Delibes, um dos pés do banquinho quebrou-se e caiu no chão. Corri para ajudar, mas quando percebi que não acontecido nada de mais grave, tive um ataque de riso em público. O público riu junto. Ah! Meu querido Serrinha, nunca me perdoei por isso!

Foi por essa ocasião que conheci um cantor que se tornara empresário e se chamava Ruy Puppo. Empreendedor e dinâmico, Ruy Puppo organizava concertos e dirigia uma empresa chamada *Prata da Casa*. Como o nome indica, trabalhava com artistas da cidade e da região. Em uma das audições do Professor Sylvio ele me ouviu e, após minha apresentação, convidou-me para fazer parte do elenco dos concertos.

Eu teria de dividir meu programa com um famoso pianista e compositor de Campinas, Orlando Fagnani. Fiquei, a princípio, assustada por participar e dividir concertos com o fantástico pianista, que eu já admirava muito. Essa união, *Orlando Fagnani — Niza Tank*, durou 25 anos, até que a morte o levou.

Capítulo III

Orlando Fagnani

Uma convivência de 25 anos merece uma referência especial. Temperamental, irrequieto, indisciplinado, Fagnani era absolutamente ordeiro com seus pertences particulares, papéis, documentos - menos com suas composições, que se perderam após sua morte.

Bem-humorado, mas sempre nervoso antes de um recital, foi a pessoa mais bonita que me acompanhou em toda minha vida artística. Dele guardo recordações e fatos que ajudam a colorir minhas lembranças.

Realizamos, juntos, mais de sessenta concertos em cidades do Estado de São Paulo, Paraná, Minas Gerais. Tínhamos três tipos de concertos organizados: o C, o B e o A. O *programa C* era destinado a cidades de nível cultural mais simples. O *programa B*, às de nível médio, e o *programa A*, para as de nível mais elevado. Nosso conhecimento do repertório era tamanho que decidíamos, por telefone, de acordo com a cidade, qual dos programas iríamos realizar. Ruy Puppo, nosso empresário, seguia quinze dias antes para a cidade onde se realizaria o espetáculo, a fim de organizar todos os pormenores. Quando chegávamos, além do hotel, já tínhamos programadas as entrevistas e os compromissos sociais que nos esperavam. Era tudo perfeito.

Nunca pude entender porque Fagnani precisava de duas camas de solteiro em seu apartamento, e quando isso não acontecia, pobre Ruy Puppo! Tinha de ouvir sermões do baixinho. Só vim a compreender essa exigência depois da morte de meu companheiro artístico. Ele jazia caído no chão, ao lado de sua cama de solteiro e, na outra cama de seu quarto, absolutamente em ordem, esticado, o terno que ele iria usar. Assim ele fazia também nos hotéis: não gostava de pendurar seu smoking, mas de deixá-lo esticado sobre a cama.

Outra exigência do pianista era que o quarto de Ruy ficasse o mais longe possível do seu: o ronco do empresário despertava o hotel e Fagnani, várias vezes, acordava o empresário atirando sapatos na porta de seu quarto. Esse barulho, é claro, despertava a mim também, que geralmente estava num quarto imediato a Ruy e a Fagnani.

Independente disso tudo, formávamos um trio harmonioso e amigável. Viajávamos sempre de ônibus ou trem, mesmo que as distâncias fossem grandes. Tanto eu como Fagnani tínhamos verdadeiro pavor de avião. Lembro-me de uma viagem enorme, de 12 horas, feita por trem, pela *Companhia Mogiana de Estradas de Ferro*, de Campinas a Araguari. Fomos de carro-leito, uma verdadeira odisséia. Saímos de Campinas às 22 horas. Conversamos um pouco no carro restaurante e fomos para as cabines, para dormir. Tínhamos a incumbência de levar, conosco, um *Troféu Carlos Gomes*, que seria entregue ao prefeito de Araguari. Mal entramos em nossas cabines e Orlando Fagnani já batia à minha porta perguntando, meio gritado, por causa do barulho do trem:

- *Onde está o Carlos Gomes?*

Ao que eu respondi que, como sempre, sepultado em Campinas.

E Fagnani, do lado de fora da porta, dizendo:

- *Não brinque comigo. Temos que levá-lo a Araguari.*

Abri a porta da cabine e disse:

- *Não estou brincando, não sei do Carlos Gomes.*

É claro que o troféu estava com ele. Voltamos a dormir e, quinze minutos depois, já mais de meia-noite, Fagnani tornou a bater em nossa porta (mamãe viajava comigo e eu ocupava o beliche de cima). Gritei de dentro, quando ouvi meu nome:

- *O que é agora?*

Fagnani respondeu:

- *Eu não encontro o penico.*

Mamãe abriu a porta e explicou a ele que, revirando a pia, embaixo dela estava o que ele procurava. Novamente voltamos a dormir. Às 4 horas, Fagnani nos convidou, depois de uma nova batida na porta, para irmos com ele ao carro restaurante, tomar o café da manhã. Ele não podia dormir e, em conseqüência, nós também não. Chegamos a Araguari desfeitos. Fomos instalados num hotel grande na praça principal. Extremamente cansada, após um bom café da manhã e um reconfortante banho, decidi dormir algumas horas; já estava dormindo profundamente quando Fagnani bateu à minha porta para que eu prestasse atenção a um anúncio que vinha de longe, em um carro com alto-falante, anunciando a realização de um concerto para aquela noite. De fato, o alto-falante anunciava, mas era o seguinte:

- *Senhoras e senhores, não percam, esta noite, grandioso show musical, com dois artistas de renome - Tonico e Tinoco!!!*

Não pude dormir mais, nem tampouco à tarde, pois tínhamos de verificar o salão, o piano, etc., para nosso concerto da noite. Apesar do cansaço, o concerto foi um sucesso, inclusive porque trouxe aos presentes uma surpresa. Com o salão lotado, num dos últimos números do programa, eis que se apagam as luzes enquanto eu cantava as *Variações do Carnaval de Veneza*. Fagnani, ao piano, quase no escuro, pois ainda caía sobre ele a claridade da lua, que entrava pelas grandes janelas abertas, me disse:

- *Não pare... Continue cantando.*

Tive de improvisar umas três ou quatro variações, esperando a volta da eletricidade, que não chegou. Porém, vindo do fundo do salão, a esposa do prefeito trouxe um candelabro com quatro velas acesas e o colocou sobre o piano. Fagnani, então, deu o segundo comando, para terminar. Recebemos um grande aplauso do público e, após esperar mais alguns minutos, pudemos terminar o concerto, já com luz elétrica. Cantamos também em algumas outras cidades de Minas Gerais, inclusive na capital, Belo Horizonte.

Um outro fato pitoresco aconteceu em Barretos, cidade do Estado de São Paulo. Apesar da minha amidalite crônica, eu procurei, sempre, na medida do possível, acostumar-me a uma vida normal, não me privando de coisas e hábitos que normalmente são vetados a cantores: gelados, ventos, chuvas... No entanto, em vésperas de recitais, procurava cuidar-me um pouco. Assim sendo, com o calor de Barretos, Fagnani e mamãe aproveitaram minha ida ao cabeleireiro para se refrescarem com um delicioso sorvete. Atravessaram a praça, pararam diante de um carrinho e, após discutirem o sabor que queriam, disseram a um tipo robusto e de poucas palavras que queriam dois sorvetes, um de creme e outro de ameixa. O tipo resmungou entre dentes:

- *Não tem.*

Novo diálogo entre Fagnani e mamãe, para a escolha de dois novos sabores: chocolate e morango. Pediram ao vendedor e ele respondeu mal humorado:

- *Eu vendo peixe.*

E, de fato, no carrinho estava escrito, com grandes letras negras, PEIXE FRESCO.

E Catanduva? Como poderei esquecer a linda recepção que tivemos e todos os preparativos para tornar o salão do clube apropriado para um concerto? Os dirigentes do clube colocaram dois grandes praticáveis e sobre eles um belo piano de cauda. Como sempre, Fagnani de smoking, e eu usando um longo azul muito bonito. Tínhamos por costume, quando o público pedia um bis, fazê-lo com *Quem Sabe* de Carlos Gomes, porque assim estávamos divulgando o autor campineiro.

Não sei por quê, até hoje algumas pessoas choram ao ouvir essa peça. Meu companheiro, ao piano, nunca foi muito bom em controlar ou disfarçar o riso e eu, que também tenho facilidade para rir, não olhava para ele com medo de não resistir. Porém, em Catanduva, cantando o *Quem Sabe*, senti uma necessidade de olhar para o pianista. Ele, quase apavorado, me dava sinais, com seus grandes olhos por trás dos óculos de aros negros, mostrando algo na direção da platéia. Pensei comigo: *"Fagnani viu alguém chorando"*. Mas os sinais continuavam e eu não conseguia entender, até que, por fim, baixando um pouco os olhos, vi, horrorizada, sobre o tablado, uma enorme e cascuda barata voadora; a partir daí, fizemos, eu e a barata, um estranho passo de dança: ela vinha para meu lado e eu ia para o lado do pianista. Enquanto durou a canção de Carlos Gomes eu dançava com a barata e o público discretamente ria. Terminada a canção, Fagnani, elegantemente vestido, levantou-se do piano e deu uma valente pisada na barata. Aí sim, o público gargalhou.

A cidade de Londrina, quando estivemos lá, tinha pouco tempo de fundação, porém já demonstrava ser, por sua terra vermelha, um grande empório do café. Existindo há poucos anos, o ritmo de trabalho era febril, para conquistar um lugar entre as cidades do Norte do Paraná, e ganhar, pouco a pouco, contornos metropolitanos. Chegamos nos vinte e cinco anos de fundação da cidade, e nosso empresário organizou três concertos para a região. O grande concerto de Londrina, um recital em Araponga e outro em Maringá. Fizemos o primeiro em Maringá e o segundo em Araponga, deixando Londrina para encerrar essa pequena tournée paranaense. Tivemos, em Araponga, uma recepção muito calorosa pela sociedade local. Meu lindo vestido branco, todo bordado em pérolas, já estava ficando meio avermelhado pela cor da terra paranaense. Após o concerto de Araponga fomos convidados pelo *Lyons Clube* local para um jantar de gala. Eu já conhecia os hábitos e o cerimonial de entrada de um novo sócio ao *Lyons*; Fagnani, não. Após o protocolo de início, foi servido o jantar e, ao final da sobremesa, o novo sócio foi recebido pelo Presidente do clube, que pediu aos companheiros que fizessem a saudação costumeira ao novo leão, ou seja, um vibrante urro. Tive que acudir a Fagnani que, naquele instante, engolia um último pedacinho de uma deliciosa torta de chocolate.

Afogou-se de uma tal forma que o chocolate se espalhou sobre sua camisa, devido ao acesso de riso e tosse. Que vexame! Passada a crise, e normalizada a situação de garçons trazendo guardanapos para limpar a camisa, o presidente do clube pode dar continuidade ao final do jantar dizendo, em alto e bom som, que agradecia imensamente a nossa presença e anunciando que *"a jaula estava aberta"*. Não houve mais jeito. Tivemos que sair do salão com o novo acesso de riso de Fagnani que, desta vez, também me pegou.

No dia seguinte, procuramos o presidente do clube, a fim de pedir desculpas pelo nosso desconhecimento do ritual de *Lyons* e pelo nosso mau comportamento perante a *Sociedade Leonina*. Explicamos que estávamos bastante cansados da viagem e do concerto e que, em outras circunstâncias, teríamos um comportamento diferente. Hoje, quando participo desses

jantares, essas lembranças tão saudosas de meu querido pianista me voltam à lembrança e enchem meus olhos de lágrimas.
No dia seguinte fomos para Londrina comemorar as Bodas de Prata da linda cidade paranaense. Tive de pedir, já com dois dias de antecedência, que mamãe me mandasse de Campinas um outro vestido, pois o meu branquinho já estava vermelho. Santa e boa terra do Paraná!
Teria ainda muito que contar sobre Orlando Fagnani. Mas quero dizer alguma coisa sobre essa função do pianista co-repetidor, que ele desempenhou como poucos.
Raramente os pianistas de renome faziam este tipo de trabalho, principalmente com cantores solistas. Trabalhar em um grupo de musica de câmara era de alta categoria. Porém, acompanhar cantores em concertos, não era tido como trabalho muito digno.
Esta atitude permaneceu por longo tempo, até que surgiu, em São Paulo, um exímio concertista, Fritz Yank, que pôs por terra esse preconceito de que pianista acompanhante era uma categoria inferior de músico. Ele demonstrou, com sua

capacidade pianística, sensibilidade e técnica perfeita, que o pianista acompanhante significava 50% da performance do cantor; que não existia o acompanhamento, mas sim, o duo piano e canto. A partir de Fritz, os pianistas descobriram a beleza do desempenho conjunto e abriu-se um mercado de trabalho até então pouco valorizada e restrito.

Para marcar a existência da figura ímpar deste grande mestre da música de câmara, induzimos a aluna do curso de mestrado, Susana Ferrari, a defender sua tese sobre Fritz Yank. Digo "induzimos" porque, no Departamento de Música da Unicamp, existe a presença marcante da professora Dra. Helena Yank, sobrinha do famoso pianística.

Capítulo IV

Juventude e Carreira Artística

O que vou contar aconteceu quando eu tinha mais ou menos dois anos de estudos de canto, com o professor Sylvio. Todos, naquela época, conheciam a maravilhosa *Rádio Gazeta* de São Paulo, e eu era ouvinte assídua da programação noturna, com apresentações ao vivo. A programação era de alto gabarito e os artistas contratados eram 50% estrangeiros. Pretender fazer parte do elenco da rádio significava ter bonita voz, conhecimento musical e já estar na carreira artística. Não me passava, sinceramente, pela cabeça a pretensão de pertencer àquela rádio que tinha, como Diretor Artístico o Maestro Armando Belardi. Nessa época, estudava canto com meu professor, o meu colega, Lineu Pastana, dono de uma belíssima voz de barítono brilhante, com um temperamento auto-suficiente, ousado. Ele participou de um teste na *Rádio Gazeta* e ganhou um lugar no cast. Lineu gostava de me ouvir e trouxe a notícia de que a rádio talvez contratasse mais um soprano. Contei isso ao professor Sylvio e lhe disse da minha intenção de também fazer um teste. Nunca na minha vida podia esperar um sermão tão vibrante contra minhas idéias:

- *Você jamais poderia pensar em tomar semelhante atitude*, disse-me o mestre. *Quem você pensa que é, artisticamente, para poder enfrentar o maestro e os grandes cantores da rádio?*

- *Professor*, respondi, *o Lineu conseguiu e não está assim tão mais adiantado que eu, e, além disso, ele, apesar da voz muito bonita, é um barítono, ao passo que eu, segundo sua opinião, sou um raro soprano ligeiríssimo!*

- *Menina, cresça e apareça, seu estudo ainda é limitado, seu repertório é quase nada, seu conhecimento musical é pobre, sua experiência de palco e público é nula e, apesar de sua linda voz, uma carreira artística se faz com técnica, conhecimentos diversos e não com pretensões; e não se fala mais nisso.*

Depois disso, não pensei mais no assunto, ou melhor, não falei mais. Mas na minha cabeça rondava a remota possibilidade de ser ouvida por pessoas do alto mundo artístico. Passados três meses resolvi, em silêncio, ir a São Paulo e me arriscar a um teste. Caipira do interior, e morrendo de medo, convidei uma amiga para me acompanhar. Esta querida amiga, Leonor Susigan,que Deus levou muito cedo, era uma jovem destemida e atirada, que trabalhava como secretária de um partido político em Campinas. Ia constantemente a São Paulo e prontificou-se a ir comigo e deixar-me na *Rádio Gazeta*, que ficava à Rua Casper Líbero. Só mamãe sabia dessa aventura.

Vinte e três anos, 51 kg, 1,70 m, cabeleira loira, vestidinho amarelo novo, sapato branco salto 5, uma partitura nas mãos, cheguei ao saguão do Edifício Casper Líbero da Rádio Gazeta. Pensava que minha presença, modéstia à parte, e minha voz, iam me dar um pouco de sorte, naquele dia. Minha amiga deixou-me para voltar em duas horas e retornarmos para Campinas. Eu conhecia o Maestro Belardi de nome e fama. Fama de excessivamente enérgico, chegando a ser rude; nome de bom maestro lírico, que conduzia solistas, coro e orquestra na rádio.

Não o conhecia pessoalmente. No hall de entrada da rádio, cartazes anunciavam a programação da semana, e uma grande foto do maestro encabeçava esses cartazes. Perguntei por ele na portaria e me informaram que atendia no 6o andar das 14 horas em diante. Mais um pedido de informação, no 6º andar, e cheguei ao secretário particular do maestro, um rapazinho ruivo chamado Samuel Hiller, que me perguntou se eu tinha entrevista marcada, e qual o motivo da mesma. Embasbaquei.

- *E agora?*

Disse a ele que era um assunto particular e que não sabia, por ser do interior, que tinha que marcar hora.

Creio que Samuel simpatizou comigo porque disse baixinho:

- *O maestro está atendendo. No saguão há três pessoas esperando. Depois dessas três pessoas, vou fazer de conta que não vejo nada, e você entra na sala dele.*

Compreendi, agradeci, e fui esperar no saguão. Quando o último dos três foi atendido percorri um corredor perfumado de *English Lavander,* marca registrada do Maestro Belardi, e bati levemente à porta.

- *Entre.*

- *Maestro?*

Sem tirar os olhos do trabalho que fazia, disse-me:

- *Um momento, por favor.*

Fiquei em pé à sua frente, esperando e, quando ele levantou a cabeça, tirando os óculos, perguntou:

- *Em que posso serví-la? Não vejo seu nome, nem sua entrevista marcada.*

Expliquei que eu vinha de Campinas, que só o conhecia de nome e que não havia marcado entrevista. Disse que estava ali para ser ouvida num teste. Foi grande a admiração no olhar do maestro:

- *Primeiro: os testes nessa Rádio estão suspensos, pois não necessitamos de nenhuma cantora; segundo: os testes têm dias certos para serem feitos e você está fora do dia; terceiro: quem lhe disse que eu poderia contratá-la?*

Que raiva! Consegui me acalmar diante da rudeza do maestro e lhe respondi, firme:

- Maestro, o senhor está enganado; não vim em busca de um contrato, mas sim em busca da opinião abalizada de um grande maestro, a meu respeito, como cantora. Não preciso e nem pretendo pertencer, pelo menos por agora, ao cast da Rádio Gazeta.

O maestro desmontou e me disse:

- Desculpe, se é só isso, vamos ao teste.

Eu levava enrolada em minhas mãos, feito um canudo, uma única parte de piano e canto, de Mayerbeer, a valsa da ópera *Dinorah*, *Ombre Legère*. Música de difícil execução técnica, cheia de coloraturas e cadências, que dava a medida exata do valor de um soprano ligeiro, pela tessitura e dificuldades. O maestro desenrolou a parte de canto e piano e se dispôs a me acompanhar. Assim que comecei a cantar, percebi que o maestro se interessou pelo timbre de minha voz. Percebi também que ele, de propósito, apressava e diminuía o andamento da peça, a fim de testar minha musicalidade. Embora não fosse o correto, segui o acompanhante em suas exigências de andamento, mesmo sabendo que o normal seria ele seguir o cantor.

Mais ou menos pela metade da música, a porta da sala se abriu delicadamente e um senhor alto, elegante, muito bem vestido, entrou e se colocou ao lado do piano, fazendo sinal ao maestro que não interrompesse a música. Segui então um diálogo de expressões faciais, entre o maestro-pianista e este senhor, que era nada menos que o diretor comercial da rádio, Sr. Itá Ferraz. Entendi, no diálogo mímico, como primeira pergunta do Diretor Comercial:

- *Quem é?*

Levantando as sobrancelhas e subindo um pouco o ombro, o maestro deu a entender que não sabia. Segunda pergunta, em mímica, do diretor comercial:

- *Que tal?*

Resposta do maestro, balançando a cabeça:

- *É... Parece bem.*

Desliguei-me desse "diálogo" para não perder minha concentração. O pianista deu o acorde para o início da cadência e eu usei todos os meus recursos vocais, terminando-a num agudíssimo mi bemol, encerrando a ária.

Terminado o teste, antes que o maestro pudesse se manifestar, o diretor comercial, Sr. Itá, apressou-se em me cumprimentar dizendo:

- *Meus parabéns, belíssima voz e, pelo que vejo, já temos uma nova contratada na emissora.*

O Maestro Belardi sorriu confirmando, e eu, que até aquele momento estava segura, caí em uma poltrona com falta de ar. Embora eu esperasse ardentemente por uma opinião positiva, nunca poderia pensar em uma contratação tão rápida. Eu sabia que eram inúmeras as cantoras que passavam pela emissora fazendo teste para ganhar um contrato... E, mais uma vez, eu, apesar das outras...

Estávamos no final de 1954 e a assinatura do contrato foi marcada para uma semana depois do teste, estando minha estréia marcada para os primeiros dias de janeiro de 1955.

Voltei para casa em companhia de minha amiga Leonor, radiante de felicidade, mas sabendo que ainda faltavam duas batalhas difíceis: uma com meu pai e outra com meu professor. Eram duas pessoas importantes em minha vida e que provavelmente não estariam totalmente de acordo com esta minha entrada para o mundo profissional artístico. A primeira a receber a notícia foi minha mãe, que ficou radiante de alegria e me disse:

- *Filha, conte a seu pai depois do jantar, quando eu estiver por perto.*

Quando meu pai já saboreava seu cigarro, eu disse de uma vez só:

- *Papai, fui à São Paulo com Leonor e fiz um teste na Rádio Gazeta, e para nossa alegria, assinei contrato por dois anos como cantora lírica.*

O sangue fugiu do rosto de meu pai e, após alguns segundos, ainda lívido, ele me disse:

- *Filha minha não faz carreira artística em rádio e teatro. Esses ambientes não são próprios...*

Mamãe, até então calada, disse baixinho e pausadamente:

- Que interessante! Eu pensei que a filha também fosse minha, porque filha minha faz carreira artística, tem idoneidade e formação suficientes para freqüentar este tipo de ambiente, que você, por engano, classifica como imoral.

Minha mãe sempre foi positiva, ponderada, e quando emitia sua opinião era porque sabia que meu pai a acataria. O conversa ficou no ar e meu pai disse que o assunto seria tratado mais tarde. Mas já estava liquidado. Mamãe passou a me fazer companhia, primeiro para tranqüilizar meu pai e, pelo resto da vida, pelo prazer de seguir de perto a carreira artística da filha.

Capítulo V

PRA-6 : Rádio Gazeta de São Paulo - A Emissora de Elite

Em janeiro de 1955 eu estava contratada pela *Rádio Gazeta*, onde permaneci até 1960, quando a rádio encerrou suas atividades ao vivo. Foram cinco anos que me possibilitaram o desenvolvimento de um vasto repertório lírico e camerista e a participação em montagens importantes, como aquela que marcou a primeira apresentação de *Carmina Burana*, de Carl Orff, no Brasil.

A *Rádio Gazeta*, em sua orientação, não se preocupava apenas com a veiculação dos eventos. Era, ela mesma, uma escola formadora de músicos e cantores. Os artistas contratados tinham, à sua disposição, além da discoteca e musicoteca, maestros, pianistas preparadores para trabalharem, pelo menos duas horas por dia, na construção e repasse do repertório. A programação normal contava, mensalmente, com a realização de um concerto de gala e uma *Cortina Lírica*, além de três programas semanais, dedicados ao repertório individual de cada artista.

Além dos artistas contratados, nomes internacionais que passavam por São Paulo tinham presença assegurada nos horários da Gazeta. Além disso, a emissora programava e exaltava os expoentes da música nacional, como Francisco Mignone, Villa-Lobos, Radamés Gnatalli e tantos outros.

Tendo a direção artística do maestro Armando Belardi, a programação da rádio incluía a música sinfônica, lírica, camerista, folclórica, popular e opereta. É lamentável que nenhuma atividade semelhante tenha sido assumida por qualquer outra emissora, depois da *Rádio Gazeta*.

Como eu já previa, foi difícil convencer meu professor de canto de que eu daria conta da programação da rádio. Consegui conciliar meu trabalho na emissora e minhas aulas por apenas alguns meses mais porque, a cada participação com repertório novo, eu escutava do professor que ainda era muito cedo para cantar tal repertório, e que eu não teria competência e capacidade técnica para um desenvolvimento na rádio... Tive de deixar minhas aulas e continuar com a assessoria de co-repetição dos maestros da rádio.

Quando comecei, eu tinha preparadas quatro árias de ópera. A rádio tinha um controle pelo qual nenhum artista podia repetir a mesma peça durante um mês. Éramos três cantoras que realizavam o mesmo tipo de repertório: a incomparável Agnes Ayres, a excelente Josefina Spagnuolo e... Eu, que me sentia esmagada pela superioridade artística de minhas duas companheiras. Guardo delas lembranças delicadas e carinhosas para comigo. Faziam o possível para não comprometer meu pequeno repertório, uma vez que o delas era imenso.

Comecei a estudar uma forma de não estar sempre presa ao repertório convencional italiano. Passava tardes inteiras no "cemitério" da Casa Bevilacqua de São Paulo, pesquisando o diferente no repertório para soprano ligeiro. E foi lá que descobri as maravilhas do canto russo, as incríveis árias de Haendel para soprano coloratura, a exuberante técnica de Rossini e Donizetti, o delicioso bel-canto de Bellini, o romantismo de Verdi, a técnica perfeita de Mozart... A *Rádio Gazeta* foi para mim, acima de tudo, uma escola maravilhosa.

Na programação, todos os sábados havia uma *Cortina Lírica* e, pelo menos uma vez por mês, éramos escaladas para essa apresentação. O auditório da rádio era aberto ao público. O programa tinha início às 20 horas indo até às 22 horas. Filas imensas se formavam na porta da rádio, pela Av. Casper Líbero, a partir das 19h30. Um público apaixonado e assíduo vinha ouvir e ver seus artistas prediletos e suas óperas preferidas. Recebíamos, além dos calorosos aplausos, flores, caixas de bombons, perfumes e livros, de nossos incontáveis admiradores. Tudo era beleza e festa. Porém, sabíamos que o programa era gravado e que, impreterivelmente, após o término da programação e dos cumprimentos do maestro, viria o convite amável para um encontro, às 14 horas da segunda-feira, em sua sala.

Sentadinhos, como bons alunos, tínhamos de escutar alguns trechos, sujeitos às críticas do maestro. Ouvíamos comentários desagradáveis, como por exemplo: *"Não posso admitir canto-*

res desafinando"; ou, *"Esse fraseado não está correto"*; ou *"Não existe unidade no dueto"*; também: *"A divisão rítmica do compasso 43 está errada."* Mas não era só isso. Também ouvíamos: *"Belíssima interpretação da ária"*; ou: *"Execução técnica dos staccati, perfeita"*, também: *"A divisão rítmica das coloraturas está absolutamente correta dentro da regência orquestral"*.

As críticas e os elogios apropriados iam amadurecendo cada vez mais nosso senso crítico, aumentando nossa capacidade de autocrítica e auto-afirmação musical.

Os jovens cantores de hoje, infelizmente, não possuem a riqueza dessa escola magnífica que foi a *Rádio Gazeta*. Não só não contam com professores credenciados, como pagam caríssimo suas aulas de canto e nem sequer podem sonhar com uma organização onde praticar, executar e exibir seus dotes artísticos. As verbas públicas, destinadas à cultura, nunca foram repassadas para a criação de uma escola de canto, que também abrigasse arte cênica. Nunca um mecenas da arte pensou em acolher a infinidade de bonitas vozes e de talentos musicais brasileiros que poderiam, sem dúvida alguma, dar um retorno nas temporadas líricas do país, sem necessidade de apelar para artistas do exterior, na maioria das vezes de quinta categoria. Devido a essa escola brilhante que tive na *Rádio Gazeta*, pude participar das temporadas internacionais do *Teatro Municipal de São Paulo* e de outros teatros do país, como artista principal. Se eu não tivesse tido a sorte de pertencer a essa verdadeira escola, sem dúvida nenhuma, eu também seria apenas uma cantora dotada de bonita voz e excelente técnica, e nada mais.

Chamo a *Rádio Gazeta* de escola porque, realmente, ela e seus professores nos deram a noção exata e os meios para o que se pode chamar de carreira artística, começando pelo uso dos microfones: distâncias, desvios, equilíbrio vocal, etc. Estou falando de uma época em que a aparelhagem de uma rádio era diferente da de hoje. Eu, particularmente, pela minha voz muito aguda e penetrante, dado o "metal" de seu timbre, tive de aprender a desviar meus sons emitidos principalmente na vogal "i": desviava a cabeça para um lado, a fim de impedir a vibração excessiva desta vogal. Também na consoante "p" tínhamos que usar de cuidados, para que ela não "batesse", ou seja, não martelasse o microfone. E não havia mesa de som? Claro que sim, mas estou falando de 1955: a tecnologia de som era muito menos aprimorada que a de hoje. Sabemos, por exemplo, que certas cantoras de música popular de nossos dias passaram a ser afinadas com a ajuda da maravilhosa mesa de som. Porém, naquela época...

Além disso, como já disse, tínhamos pianistas co-repetidores à nossa disposição. No meu caso, por exemplo, trabalhava com um pianista por duas horas, normalmente da 15 às 17 horas, nos dias de meus programas, a fim de estudar o repertório previsto para o mês: árias, óperas, cantatas etc.

Trabalhei muito com os maestros Cortopace, Mechetti, Vivante, Bruno Roccela, e guardo, de cada um deles, muitas lembranças e muita saudade. Cantei também sob a regência de Totó, Maestro Antonio Sergi que, vez por outra, dirigia a programação erudita da rádio. Estavam à nossa disposição, três ou quatro orquestradores, arranjadores, copistas, etc.; uma excelente musicoteca, com fichário organizado e um musicotecário, que se tornou meu grande amigo, Dondon. Era um homem boníssimo, tranqüilo, calmo, e tinha de ser calmo para poder agüentar o temperamento italiano explosivo, enérgico, do maestro-chefe Armando Belardi. O que dizer deste grande chefe supremo na direção artística da *Rádio Gazeta*?

Enérgico, temperamental, sensível, um artista incomparável no manejo da batuta lírica. Difícil encontrar um outro regente com a capacidade do Maestro Belardi para dirigir óperas. Esse mundo complexo de músicos, cantores, coralistas, bailarinos, cenógrafos, regisseurs, maestros de coro, ficava todo em suas hábeis mãos. De que talento dispunha este senhor maestro para ensaiar, organizar e apresentar ao público seu trabalho! Aprendi com ele a amar e cultivar o grande gênio das Américas, Antonio Carlos Gomes. Anos mais tarde, ao defender minha tese de doutorado na Unicamp, fui buscar subsídios nos arquivos secretos de minha memória, e também em meu repertório operístico e camerístico, organizado pela *Rádio Gazeta*, especialmente aqueles baseados no conhecimento profundo que o Maestro Belardi possuía, e me passou.

Cantei, sob sua batuta, inúmeras óperas, não só na *Rádio Gazeta,* como também no *Teatro Municipal de São Paulo*.

Quem foram meus companheiros de *Rádio Gazeta*? Peço perdão se esquecer de alguém. Começo pelo soprano Agnes Aires. Quanto aprendi com ela, exímia cantora. Quando cheguei à rádio ela ainda fazia alguma obra do repertório ligeiro. Pouco tempo depois firmou-se no repertório lírico-colatura. Jamais esquecerei um *Pescador de Pérolas* que ela cantou no *Teatro Municipal de São Paulo*. Um primor.

Josefina Espanholo, voz belíssima de soprano-ligeiro. Deixou a rádio logo após minha chegada. O casamento e o filho pequeno a requisitaram muito mais que a carreira artística.

Neide Thomas, Lia Fede, Ercília Block, Lucia Quinto, Diva Alegruci, Renata Lucce, Neneta Menendes, Leonilde Provenzano, Gilda Rosa, Leila Farah, Bruno Lazarine, Manrico Patassini,

Sergio Albertini, Benito Maresca, José Lobão, Roque Lotti, Enrico Vannucci, Sacomani, Costanzo Mascitti, Paulo Fortes, Joaquim Villa, Andrea Ramos, Rio Novelo, Lorival Braga, José Perrota, Paulo Adônis, João Carlos Ortiz, Benedito Silva.

E tudo o que realizei, daí para a frente, começou com dois pares de mãos enérgicas me conduzindo pelos caminhos da arte: Professor Sylvio Bueno Teixeira e Maestro Armando Belardi. A eles, devo todo o meu reconhecimento, minha gratidão e muita, muita, saudade.

Capítulo VI

O mundo encantado da ópera

Desde a minha entrada para o cast da *Rádio Gazeta*, comecei a chamar a atenção pelos meus dotes artísticos e a crítica achou por bem conceder-me, em 1956, meu primeiro troféu *Roquete Pinto*. Essa premiação continuou por cinco anos consecutivos, de 1956 a 1960, quando a rádio encerrou suas atividades.

Mais uma vez, eu, apesar das outras, minhas companheiras, fui a ganhadora deste cobiçado troféu. Deixo para falar dos prêmios mais tarde.

Foi em 1956 que pisei, pela primeira vez, o palco do *Teatro Municipal de São Paulo*, onde atuei nas temporadas líricas até a década de 70. Minha estréia foi interpretando Gilda, no *Il Rigoletto*, de Verdi.

Foi uma odisséia. Não tínhamos, naquela época, diretores teatrais que nos ensinassem recursos cênicos de representação, adaptados para a cena lírica.

Elenco de Il Rigoletto - Municipal de São Paulo 1968

Tínhamos diretores de cena, sim, mas que apenas marcavam posições em cena, como sentar, levantar, sair de cena, olhar para cima, para um lado, para outro, enfim, atitudes básicas. A criação de um personagem era um pormenor que passado sem nenhuma preocupação teatral. Me disseram que eu tinha de interpretar uma jovem tímida, filha de um aleijado, que me amava muito e que, por amor e medo, não me deixava sair de casa nunca, a não ser acompanhada de uma ama, e somente para ir às missas dominicais. O restante da ópera eu deveria criar sobre essa personagem tímida. Não havia necessidade de tanta explicitação sobre a timidez da jovem porque, sendo minha estréia, eu estava muito preocupada, de verdade, e meu maior problema eram minhas mãos, ou melhor, o que fazer com elas. A criação cênica não foi bem de uma tímida, e, sim, de uma "tonta". Encolhida, enrolando as mãos, por não saber usá-las, consegui convencer o público com minha performance cênica e principalmente vocal. Aí, sim, surgiu a Gilda dos trinados, gorjeios, dos superagudos.

Contracenando com meu inesquecível Paulo Fortes, recebemos, ao final do dueto *Vendetta*, o caloroso aplauso do público, que lotava o Municipal, pedindo bis que, é claro, concedemos. A alegria da estréia foi um pouco empanada pela crítica do dia seguinte. Apesar dos grandes elogios à minha técnica perfeita, à beleza do timbre doce de minha voz, coisa rara nos ligeiros, pois normalmente este registro possui excesso de "metal", havia um "porém":

- *A voz é pequena e certamente não conseguirá cantar o repertório operístico.*

De que adiantava tanto elogio, se eu não ia dar conta das óperas, por minha "voz pequena"? Naquela época este "porém" assustou-me, não fosse a palavra de meu mestre de canto, Professor Sylvio, que me explicou que um soprano-ligeiro não é um "trombone" e que minha pouca idade, 23 para 24 anos, contribuía para esta leveza; que, com estudo, experiência e um pouco mais de idade, eu chegaria a ter um volume melhor. Também o Maestro Belardi reafirmou esta opinião do meu professor de canto. Foi nessa ocasião que meu mestre explicou-me a transitoriedade das vozes, principalmente do soprano-ligeiro. A idade, o casamento, a gravidez e os filhos, normalmente alteram esse registro vocal.

Há exceções, e eu mesma vivo esta experiência de longevidade de meu registro vocal: aos 60 anos, ainda cantava meus "fás" superagudos, com extrema facilidade. Eu, apesar da idade...

Il Rigoletto rendeu uma história interessante, e acho que vale a pena contar. Numa das temporadas dessa ópera, o Rigoletto era feito pelo italiano Walter Monacchiezzi e, no papel de Sparafucilli, estava Mario Rinaldi. Longe de casa, Monacchiezzi se preocupava com a filha, que andava adoentada.

Entradas e saídas de cena, nas óperas, têm algumas soluções consagradas por facilitarem a movimentação entre cenários, objetos de cena, figurinos. No Rigoletto, quando Sparafucilli coloca o corpo de Gilda num saco, para entregar a Rigoletto, costuma carregá-lo deitado num ombro. Não sei porque Rinaldi resolveu fazer diferente e me carregar nos braços, depois de me erguer do chão. Foi um esforço e tanto e ele quase não consegue dar conta do recado. Tanto que, ao entrar em cena de novo, já para entregar o corpo ensacado ao bufão, foi me arrastando pelo chão, por toda a extensão do palco. O pobre pai acredita que, dentro do saco, está o corpo do conde e só descobre a troca quando, ao abrí-lo, vê o corpo da filha. Monacchiezzi, de joelhos, abriu a boca do saco e viu sair dele uma cabeleira loura; ergueu o corpo da pobre Gilda, apoiando sua cabeça num dos joelhos. Quando abri os olhos, a luz de um refletor batia direto em minha lente de contato, fazendo com que eu chorasse. Aquela figura loura, às portas da morte, com os olhos cheios de lágrimas, trouxe à lembrança do barítono sua própria filha, distante, doente, e ele, emocionadíssimo, cantou todo o final da ópera em prantos.

Foi uma apoteose: pai e filha, em cena, cantando em lágrimas, foi demais para o público e até para o Maestro Belardi, que foi me procurar, nos bastidores, e me encontrou cheia de raiva, reclamando das malditas lentes:

- *Você estava chorando por causa das lentes?*

- *E por que mais havia de ser?* Perguntei.

O Maestro nunca se conformou com o engano e acho que nunca me perdoou a objetividade.

Cenas de Il Guarany - Teatro San Carlo de Nápoles 1971

Capítulo VII

Il Guarany

Depois de minha estréia em palco, surgiram inúmeras oportunidades para atuar em óperas e a segunda foi, de Antonio Carlos Gomes, *Il Guarany*. Eu já conhecia e amava a obra gomesiana. Porém, não poderia adivinhar que o *Guarany* viesse a fazer parte integrante de minha vida artística.

Quantas vezes interpretei esta ópera? Não sei. Se eu fosse jogador de futebol, que conta seus gols, esperando chegar ao milésimo, talvez tivesse lembrado de contar o número as atuações que fiz. Porém, como artista, isso nunca me ocorreu. Só sei que foram muitas. Creio ser eu quem mais cantou esta obra.

Se existem casos de bastidores para a maioria das óperas, esta não seria exceção e tenho uma série deles. De fato, desde a época de Carlos Gomes até nossos dias, a montagem desta ópera ocasiona situações cômicas, dramáticas, impensáveis...

Vou contar algumas porque sei que o público desconhece o que se passa nas coxias, e gosta de saber.
Não há como modificar, ou modernizar, certas óperas, as chamadas "de costumes". Refletem uma época, um povo, seus hábitos, e diretores de cena somente podem modernizar alguns aspectos cênicos ou de ação.
As florestas podem ser estilizadas; os balés podem receber uma coreografia mais apropriada, como acontece no grande bailado de Il Guarany. Porém, índio é índio e não podemos vesti-lo,

dentro da época focalizada. Hoje, eles até poderiam surgir de alpargatas ou sandálias de dedo e shorts, com uma camiseta escrita *"Corinthians campeão"*. Porém, na época descrita por José de Alencar e musicada por Carlos Gomes, os índios andavam nus, ou com tangas. E nas montagens de Il Guarany de que participei, os regisseurs seguiam à risca a montagem segundo Gomes. Vêm daí, as dificuldades cênicas para tais montagens.
Para apresentação da ópera aqui no Brasil, os entraves são poucos: conhecemos a história e

suas conseqüências. A escolha de Peri acaba recaindo sobre os dotes vocais, e não físicos, do tenor. O meu mais perfeito Peri foi, sem dúvida alguma, Assis Pacheco, que somava voz, físico, atitudes, elegância, temperamento, enfim, todos os requisitos para o papel.

Dele, recordo uma passagem hilária: Assis usava uma tanga sumária e tinha o cuidado de passar maquiagem nas cordinhas laterais da cintura, que seguravam sua sunga, dando a impressão de quase nudez. Como não atuava descalço, usava sandálias, que também recebiam maquiagem, dando a sensação de pés nus. Num primeiro ato, Assis me sussurrou, antes do dueto:

- *Por favor, me dê cobretura, porque minha sandália arrebentou e tenho de tirá-la.*

Eu fiquei uns instantes em sua frente e ele resolveu o problema.

No intervalo fui procurá-lo no camarim, para saber se estava tudo bem. Ele sorriu e me disse:

- *Não sabia que você iria se preocupar tanto...* Está tudo bem.

No grande dueto do terceiro ato, Assis disse baixinho, às minhas costas:

- Niza, me ajude, não sei o que fazer, arrebentou minha tanga. Na medida do possível, me esconda.
Misericórdia! Que sufoco! Além de perder minha concentração fiquei cantando como um autômato, imóvel, esperando que a cortina de boca de cena se fechasse, ou que houvesse um black out, ou qualquer outra coisa, a fim de tirar Assis de semelhante situação. O dueto é dramático e muito apaixonado. Eu deveria me voltar para ele num diálogo, mas permaneci de frente para o público. Isto tudo durou um minuto, pouco mais, e então Assis, com um olhar safado, passou à minha frente. Aliviada, entendi que tinha sido uma piada. Graças a Deus!
Há uma outra passagem, desta vez com Manrico Patassini. Aliás, sobre ele há um detalhe que não esqueço: para "limpar a garganta", antes de uma apresentação, Manrico comia uma cebola crua, como se fosse uma maçã, e tomava uma dose de conhaque... e vinha fazer dueto de amor comigo...
Voltando a Il Guarany, por ser estrangeiro, italiano, Manrico estudava o papel de Peri em seus

mínimos detalhes: movimentos, passos, postura etc. Exagerava um pouco, pois chegava ao ponto de se deitar e encostar a orelha no chão, a fim de escutar no solo, ruídos, como fazem os índios. Branquelo, passava horas na maquiagem para conseguir o tom bronzeado da pele indígena. O nariz arrebitado recebia um aplique, para ficar adunco. Os pelos do peito eram raspados, pois índio é imberbe. E, além de tudo isso, tinha de usar uma peruca de cabelos negros e longos. Em cena, usava todo seu conhecimento para mostrar um legítimo índio das florestas brasileiras.

É costume, no mundo da ópera que, quando um artista estréia na cena lírica, seja "batizado" pelos seus colegas. Um do elenco é escolhido para "batizar" o novato. Pois bem. Em uma das récitas com Manrico estreou, no papel de cacique, o baixo argentino Juan Carlos Ortiz. Não sei quem foi escalado para seu batismo. Entre seus acessórios, o cacique leva uma faca que normalmente fica à vista de Ceci, quando ela está ao lado do trono, assistindo à dança do sacrifício de Peri que, neste momento, está amarrado a um tronco de árvore.

Pois bem. A pessoa incumbida de batizar Ortiz escondeu a tal faca. Quando a tribo sai de cena, comandada pelo cacique, Ceci corre para apanhar a faca e entregá-la a Peri, depois de soltá-lo. Foi o que eu fiz. Mas, onde estava a faca?

Em ópera, os segundos são importantíssimos para uma ação. A frase musical que pontua a cena já se estava esgotando e eu não encontrava a faca. Cheguei até onde estava Manrico e lhe disse:

- *Meu amigo, mate o cacique estrangulado, porque eu não encontro a faca*. E ele, com a mania

de encarnar o papel à perfeição:

- *Ma, mia cara, índio não estrangula*. Naquela situação?! Retruquei:

- *Vire-se!*

Paulo Fortes, de fora da cena, percebeu minha aflição e deu um jeito de me dizer:

- *Dentro da cuia de água, no trono do cacique.*

Final feliz... Em cima da hora soltei Manrico, e Peri pode matar o cacique de acordo com o código de honra dos indígenas.

E Ortiz? Riu muito... O feitiço virado contra o feiticeiro. Por quê este batismo?

São só pequenos sustos que se dão aos novatos que, aliás, sabem que serão batizados. Porém, não em que situação e nem por quem. Essa prática tira dos iniciantes o nervosismo e a expectativa de uma estréia. Ficam atentos ao que nos irá acontecer, e quando. Com isso, estão muito mais atentos à ação cênica e à concentração musical, e esquecem das centenas de "críticos" na platéia. Também sabem que são segundos e que nenhum veterano vai deixá-los abandonados, a ponto de comprometer seu desempenho artístico nesse ritual de passagem.

Eu fui batizada no *Rigoletto*. Ao final da ária *Caro Nome* encontrei a porta de saída de cena fechada, enquanto segurava um mi bemol superagudo. Segundos eternos...

A Rainha da Noite, de A Flauta Mágica - Estônia 1969

Capítulo VIII

Flauta Mágica

Minha atividade lírica foi bastante intensa. Das óperas todas que cantei, em cena ou em concertos, vou apenas destacar algumas. À medida em que eu for relatando minhas atuações principais, vou fazer comentários mais breves sobre outras óperas que, apesar de terem sido importantes para minha carreira, não têm nenhum destaque especial.

É porisso que preciso falar, muito especialmente, das montagens e dificuldades cênicas na *Flauta Mágica*, de Mozart.

Apesar da pouca duração vocal do papel da Rainha da Noite, nessa ópera, ele é de uma dificuldade técnica sem limites. São apenas duas árias, que a cantora realiza em oito minutos de aparição, sendo quatro minutos para cada uma.

De caráter dramático, não se encontra, em nossos dias, um soprano-dramático que possa realizá-las, uma vez que a extensão vocal pertence ao registro do soprano-ligeiro.

É igual a dificuldade de encontrar um soprano-coloratura que possua timbre, extensão vocal e interpretação para o papel. Além disso, há a dificuldade da solução cênica para a aparição da Rainha, no 1o ato.

Eu interpretei essa ópera diversas vezes e, a cada vez, surgi em cena de maneira diferente: ou através de um black-out, ou encerrada dentro de uma caixa-armário, que escondia uma espécie de trono, e se abria no momento chave, toda iluminada por focos de luzes fluorescentes.

Em outra ocasião, eu surgia em uma espécie de andor de procissão, saído do subsolo do palco. Houve uma vez em que esse mecanismo não pode ser movido por eletricidade, e foi preciso apelar para o esforço braçal dos maquinistas. Como era de se esperar, ele não deslizava, mas, sim, trepidava e mais parecia aquelas santas que balançam, carregadas nos andor das procissões, pois me apoiava apenas num báculo.

E quando inventaram a descida da Rainha, sentada em um balanço, vinda do teto, acima do cenário? Instalada nesse aparato desde o princípio da ópera até a primeira aparição, o que acontece depois de, aproximadamente, 20 minutos! A altura era excessiva, a tensão era grande e eu, com meu problema de pressão baixa, só realizei essa façanha uma vez. Nas outras récitas, o cenógrafo teve de inventar outra saída para minha entrada.

A melhor realização dessa aparição foi a que tive no *Teatro Estatal da Estônia*, quando de minha tournée pela URSS.

Aliás, não foi só a aparição, mas a maquiagem, o figurino, a mise-en-scène... Deslumbrante!!! O figurino foi tão exuberante e grandioso que eu precisei ser carregada por dois atléticos russos, do camarim até o fundo do cenário, onde fui colocada em um praticável movido a eletricidade, tendo um báculo para meu apoio e equilíbrio. A saia, muito mais comprida do que a minha altura, cobria totalmente o carrinho, que ficava atrás de um cenário que mostrava, para o público, as montanhas.

No momento da trovoada que anuncia a aparição da Rainha, as montanhas se abriam, dando espaço para o praticável, que deslizava até a metade do cenário.

Após a exibição da 1ª ária, o mecanismo recuava e as montanhas se fechavam sobre a Rainha da Noite. Devido a sua grandiosidade dos trajes que cobriam o praticável deslizante, a impressão que o público tinha era de que a Rainha flutuava em sua entrada e saída do cenário.

La Traviatta

Nessa bela obra de Verdi, minha voz só se ajusta ao primeiro ato. Aliás, tarefa difícil é encontrar um soprano que tenha atributos vocais corretos para a ópera toda. Os comentários sobre essa obra verdiana são que ele a escreveu para três sopranos: ligeiro no 1° ato, lírico no 2° e, daí para frente, dramático. Porém, um soprano-lírico-colatura dá conta do recado, o que não é o meu caso. Mesmo assim, cantei algumas vezes essa ópera, em *Cortinas Líricas* pela *Rádio Gazeta* e também em cena. Sempre gostei da ópera, mas sempre me senti "uma estranha no ninho".

As duas apresentações cênicas de que participei foram em Campinas, e eu guardo delas belas recordações. A primeira foi no imponente e saudoso Teatro Municipal de Campinas. Por que saudoso? Porque interesses políticos puseram abaixo a maior, melhor e mais bela casa de espetáculos que Campinas já possuiu. Nunca mais os campineiros puderam ter um teatro à altura do público da terra de Carlos Gomes.

Será que algum dia terão? Isso depende, infelizmente, da vontade dos poderes públicos. Se isso acontecer, e eu espero que sim, não será mais para o meu tempo. Quem sabe o terceiro milênio acabe trazendo essa alegria à terra campineira...

Eu sempre sofri de amigdalite. Dos seis anos até hoje, minhas amígdalas, no momento sadias, me deram, e aos médicos, muito trabalho. Não sei porque nunca pude aceitar a idéia de uma cirurgia. Não foram poucos os vexames que mamãe passou comigo, quando médicos insistiam na tal operação. Abria um berreiro, rolava pelo chão, entrava debaixo da mesa, mordia a mão dos médicos e... Voltávamos para casa, com a indicação de algum tratamento paliativo, o chinelo e o castigo.

Pois bem, um mês antes do primeiro espetáculo da *Traviatta*, apanhei um forte resfriado e, em conseqüência, veio a afonia. Fui ao meu médico em Campinas que, sabendo da proximidade do espetáculo, me receitou algo mais forte e me tranqüilizou:

- Dentro de 15 dias você estará nova em folha.

Maestro Belardi confiou e seguimos com os preparativos. Porém, faltando uma semana para a récita, eu ainda não estava completamente restabelecida. Tinha os agudos, mas o centro e os graves da voz estavam alterados, "sujos". Levada pela preocupação do maestro, fomos a um médico especialista em vozes de cantores, em São Paulo.

Desculpem-me se prefiro não citar o nome. Um grande médico, com um consultório muito bem instalado. Eu cometi a imprudência de dizer a ele que já estava medicada e que o consultava a pedido do maestro, a fim de tranqüilizá-lo. Creio que essa sinceridade irritou o doutor e ele resolveu me aplicar uma lição.

Fez um exame de rotina mas... Quando pediu que eu abrisse a boca e abaixou minha língua com a famosa espátula, ficou realmente horrorizado com o panorama que viu em minhas amígdalas.

- *Que horror*, disse ele. Ao que comentei:

- *Grandes, não é verdade, doutor?* E ele:

- *Se fossem somente grandes não seria nada, mas estão inflamadas, inchadas, maltratadas, mal-curadas, etc., etc. E você só pode estar afônica, pois essa inflamação aguda já deve ter atingido faringe e laringe; concluindo, não há condição para cantar. Creio ser necessário operá-la, e logo. Vou preencher um documento no qual você colocará um "de acordo" e procederemos à cirurgia assim que eu conseguir debelar essa inflamação.*

Eu ouvi todo esse discurso calada e percebi a aflição do maestro. Então disse ao médico:

- *Doutor, ninguém vai me operar e, se o senhor não gostou que eu lhe dissesse que já estou medicada, peço-lhe desculpas, quis ser honesta. Porém, operação é um item que não faz parte dos meus projetos de saúde.* E foi então que ele deu o "golpe de misericórdia".

- *A senhora é dona de seu organismo, faça como quiser; porém aviso: com ou sem operação, a senhora, a meu ver, não terá mais condições para cantar.*

Ficamos, Maestro Belardi e eu, chocados com esse diagnóstico, para mim fatal, e nos despedimos do médico. O maestro me deu carona até a Estação da Luz; fomos mudos.

Agüentei firme até que o trem partisse. Então caí num pranto quase convulsivo. Meu Deus! O que será de minha vida sem o canto? Comecei a pensar em me dedicar ao piano, estudar violino, regência, enfim, qualquer seguimento da música que alimentasse meu espírito. Cheguei em casa ainda aos prantos e, como sempre... *Mamãe!!!*

- *Volte ao seu médico, minha filha, e conte a ele o que aconteceu. Garanto que ele vai encontrar uma solução...*

E foi o que eu fiz. Em toda minha vida, passei apenas por três laringologistas: o primeiro, que tirou meu receio pelos "médicos de garganta", Dr. Teixeira da Mata, em Limeira, quando eu tinha 12 anos. O segundo, Dr. Caio Camargo, e o terceiro, meu querido e inesquecível Dr. Paulo Mangabeira Albernaz. Pois bem, quem me atendia nessa ocasião da *Traviatta*, era Dr. Caio Camargo. Cheguei ao seu consultório ainda chorando, e ele me disse:

- *Minha querida: rasgo meu diploma se você não cantar essa ópera. E digo mais: se preciso for, eu entro em cena para medicá-la.*

E é claro que ele estava certo. Com um pouco mais de tratamento, em dois ou três dias minha voz estava de volta. As outras aguardavam o resultado, esperando para me substituir.

Dr. Caio cumpriu sua promessa. Não houve necessidade de que ele entrasse em cena, porém ficou sentado ao lado do cenário, nos bastidores, e assistiu à ópera toda dalí, para me dar o apoio e a tranqüilidade de saber que meu amigo médico estava por perto.

A récita foi um sucesso, mesmo porque minha tosse, que não tinha nada de tuberculose, deu ao público a sensação exata de uma Violeta doente.

As críticas foram generosas e nós, Dr. Caio e eu, tivemos a satisfação de enviá-las ao médico paulista, junto com um cartãozinho do Dr. Caio dizendo apenas: *"Para seu conhecimento"*.

A segunda apresentação cênica dessa ópera deu-se por ocasião da primeira inauguração do *Teatro Castro Mendes,* antigo Cine Casablanca, em Campinas, em 1971. Esse espetáculo foi patrocinado pela Prefeitura Municipal de Campinas, através da Secretaria de Cultura.

Campinas tinha, naquela ocasião, a força, a juventude, a cultura, o talento e as possibilidades administrativas de um grande Secretário de Cultura - Prof. José Alexandre dos Santos Ribeiro. A disposição e o incentivo que encontramos no Secretário constitui fato raro nas Secretarias de Governo. Prof. Alexandre, além de proporcionar espaços, parte financeira, divulgação, pagamentos de cachês e de horas extras, se dava ao trabalho de estar presente, também, nos ensaios do espetáculo.

A orquestra, os elencos, os montadores do espetáculos, os cenógrafos, foram campineiros. O regente e o diretor de cena vieram de São Paulo. Para reger os quatro espetáculos realizados em Campinas, todos com casa lotada, tivemos a experiência e a elegância do Maestro Diogo Pacheco. Na direção cênica, contamos com a capacidade sem limites de Fausto Fuser.

Criativo, inovador, colocou em cena um espetáculo diferente, que resultou em sucesso de bilheteria e público com um visual belíssimo e contando apenas com cantores da terra, quase amadores.

Os cenários despojados exigiam uma realidade cênica maior dos cantores.

Eu me recordo que, no 4° ato da *Traviata*, Fausto colocou apenas um praticável branco no centro do palco, além de panejamentos. Acostumada a encontrar em cena cama, poltrona, espelho etc., perguntei:

- *Onde está a penteadeira de Violeta?* E ele:

- *Não está e nem estará.* Eu quis saber:

- *E como Violeta vai se espantar com a própria imagem doentia no espelho?*

E ouvi, desse mestre da cena, a frase mais bonita que um diretor já me disse:

- *Você não é artista? Crie! As coisas visíveis e palpáveis nem sempre ajudam a criação de um personagem.*

Creio que consegui realizar o que Fausto me pedia, pois a reação do público foi calorosa. No último espetáculo, o Maestro Diogo Pacheco, elegantemente, ao final da récita, me presenteou com sua batuta.

Falei num Diretor de Cena e me lembrei de um período maravilhoso. O movimento lírico de São Paulo, a partir dos anos 70, passou a receber uma atenção diferente. Para não ter de recorrer tanto a artistas do exterior, nem sempre da melhor categoria, decidiu começar um trabalho de palco com nossos cantores, na tentativa de transformá-los, também, em atores.

Essa iniciativa louvável trouxe, além de um visual mais atraente, a possibilidade de desenvoltura cênica a cantores que, até então, cantavam bem, mas não conheciam quase nada da cena.

A tarefa não foi fácil para os diretores de teatro; porém tivemos verdadeiros mestres que, sem dúvida, perderam e embranqueceram seus cabelos, gastaram suas vozes e, acima de tudo, fizeram um treinamento intensivo de suas paciências.

Se é difícil dirigir atores, imagine cantores... A preocupação maior do cantor é com sua voz, seus agudos, a memorização de linhas melódicas e de textos, geralmente em outro idioma, com os requisitos técnicos da boa emissão, a preocupação respiratória com os grandes fraseados, etc.

O fraseado longo, o registro agudo e a postura cênica desconfortável, entorpecem o cérebro do cantor e ele se esquece de ser ator, para pensar apenas no canto. Por exemplo: há coisa mais difícil, para um barítono, que a célebre ária *Cortiggianni, Vil Raza Dannata*, em que ele canta uma boa parte estirado no chão do palco? Além disso, todo Rigoletto, para o barítono, exige uma concentração vocal absoluta, pois sua postura cênica de corcunda lhe traz sérios problemas com a respiração e, em conseqüência, com a desenvoltura vocal. Quantas vezes cantamos deitados, mal apoiados, amarrados, sentados, enfim, em posições cenicamente corretas, mas vocalmente muito difíceis!

Um diretor de teatro que não conheça problemas vocais não saberá, por vezes, modificar a ação cênica em benefício do cantor. E um cantor rebelde à direção cênica jamais se curvará a um diretor teatral, mesmo sabendo que isso traria uma atuação quase perfeita ao seu trabalho.

O *Teatro Municipal de São Paulo* investiu nessa possibilidade de diretores teatrais e assim tivemos a satisfação de trabalhar com vários mestres da cena teatral.

Lakmé

Não sei se consigo transmitir toda a alegria, emoção, beleza, inovação, enfim, toda arte e grandiosidade singela desse trabalho operístico. Como é possível dizer grandiosa e singela? Porque assim foi: um sonho de montagem, com cenários magníficos e levíssimos, executados por Francisco Giacchieri.

Dentro desse universo hindu encantado, criação de Giacchieri, a presença marcante de um diretor de cena brasileiro, recém-chegado da Polônia, que nos deu, com sua mão segura, uma direção extraordinária. Estou novamente falando de Fausto Fuser, hoje professor aposentado do Departamento de Teatro na USP. Aprendi muito com Fausto. A minha desenvoltura cênica pode ser classificada em antes e depois dele. Antes dele, eu seguia as marcações cênicas que me eram passadas; depois dele, aprendi a arte da criação cênica.

É claro que ele também controlava os movimentos com as marcações necessárias no palco, porém a desenvoltura cênica ele deixava por conta da criação do cantor. Nessa experiência de liberdade, pude criar minha *Lakmé*. Desde essa época, as criações de meus personagens foram sempre baseadas nos ensinamentos que esse mestre me passou.

Além dos cenários e direção cênica, tivemos a honra de ter um estreante na batuta lírica, de altíssimo gabarito, que foi o maestro Simon Blech. Elegante, delicado e atencioso com cantores e músicos, regeu *Lakmé* como verdadeiro artista que era.

Estudamos, preparamos, memorizamos e pusemos em cena essa ópera, em apenas 25 dias. Trabalho estafante que exigiu muita dedicação de todos.

Tivemos também uma outra estréia, a de minha amiga, grande cantora camerista, naquela época, que resolveu tentar a cena lírica: Lenice Prioli, companheira ideal que encarnou o papel de Malika, a ama de Lakmé. O papel de Nilakanta, o pai de Lakmé, foi entregue ao baixo Edilson Costa.

Como já disse, o trabalho foi estafante, mas a presença sempre bem-humorada desse baixo

aliviou as tensões, os contratempos, o desgaste do elenco da ópera.
Edilson contava as piores piadas do momento, em cena ou fora dela. Criou uma letra safada para um sambinha brasileiro que, nos intervalos para o café, ele cantava com o acompanhamento de alguns músicos da sinfônica.
Essa apresentação era realizada em quase todos os intervalos. Um dia, sem que ele percebesse, o maestro Simon, que chegou mais cedo de seu cafezinho, parou um pouco atrás do grupo e assistiu. Quando Edilson se voltou e viu o Maestro, disse, meio desapontado:

- *E então, gostou?*
Ao que o maestro lhe respondeu:
- *Não tive tempo de analisar bem esse seu trabalho, e não tenho tempo no momento para pedir uma nova execução, porque estamos em horário de trabalho sério.*
Em cena aberta, já nas récitas, Edilson/Nilakanta obrigava Lakmé/eu a cantar em praça pública, a fim de atrair, com seu canto, Gerard, meu par amoroso. O momento é cenicamente tenso, pois Lakmé sabe que, através de seu canto, Gerard

aparecerá e será fatalmente preso ou morto pelos asseclas de Nilakanta. A execução desse canto, aliás dificílimo para o soprano, é a famosa *Ária das Campainhas*. Pois bem, nesse momento de dificuldade, tensão e emoção, Nilakanta vira-se para sua filha e fala:

- *Chante, Lakmé, chante!*

Após essa ordem, Edilson, já de costas para o público, com as mãos levantadas e um dedo imperativo, olhava para mim e... Rosnava e latia. Minha única escapatória era cobrir o rosto com a musselina drapeada pendente de meu braço direito.

Fiquei muito amiga e admiradora de Edilson Costa pela beleza de sua voz, por sua presença cênica, pelo seu companheirismo. Hoje, grande professor de canto em São Paulo, tenho a satisfação de encaminhar para ele, alguns de meus alunos.

Como temos um prefixo telefônico cantado, não necessito nem anunciar meu nome, basta cantar e ele sabe que é sua amiga que está chamando. Obrigada, Edilson, por sua amizade e bom humor.

Envolvendo esse mundo maravilhoso da ópera *Lakmé*, estava a figura ímpar do figurinista Dener Pamplona de Abreu, sem dúvida nenhuma um dos maiores estilistas que este país já teve. Não tenho palavras para descrever a beleza plástica que Dener conseguiu colocar em cena: meus três trajes - sarys indianos - foram de uma beleza inigualável.

Nunca estive tão bem vestida, o que me custou alguns sacrifícios, realizados com prazer. Assim que me conheceu, Dener exigiu que eu perdesse pelo menos 4 kg, dos 60 para os 56 kg.

Para a criação do figurino, eu ia ao atelier de Dener e em pé, sobre uma mesa, tinha de cantar os temas principais ligados ao traje, ou seja, a *Oração de Entrada*, no 1° ato, a *Ária das Campainhas*, no 2°, e a *Cena da Morte*, no 3°.

Enquanto eu cantava, ele desenhava e, após várias repetições e esboços rasgados, finalmente chegava ao que estava buscando. Depois dos desenhos feitos, ele praticamente montava em meu corpo, em musselina de seda pura, os drapeados dos elegantíssimos sarys.

O traje do 2° ato, todo em dourado, não posso

dizer que era o mais bonito, porque os três eram maravilhosos, mas era, talvez, o mais chamativo. A cena exigia que a personagem permanecesse quase imóvel, o que deixou Dener desolado ao ponto de me dizer:

- *Por favor, é um crime não exibir esse traje... Se puder, faça um pequeno desfile.*

Claro que eu consenti e, pela primeira vez em minhas críticas, recebi um "porém" da imprensa que, apesar de tecer maravilhosos comentários a respeito de minha interpretação musical-técnica, não deixou de citar o "passeio-desfile" naquele impecável figurino.

Que lástima! Tanto trabalho, tanta emoção, tanta beleza, para apenas três récitas dessa maravilhosa obra. O material orquestral, alugado da França, voltou para lá; os figurinos, não sei dizer onde ficaram; os cenários, se desfizeram com o tempo. Restaram apenas libretos, alguns cartazes e a grande recordação desse espetáculo inolvidável.

Lucia de Lammermoor - Israel 1978

Lucia di Lammermoor

Sem dúvida, esta é minha interpretação favorita. Quantas foram? Não sei dizer. Depois de *Il Guarany* foi a que mais cantei, inclusive no exterior.

Começo pelas montagens no Brasil, especialmente no *Teatro Municipal de São Paulo*. Foram muitas. Na primeira delas, regia o maestro Belardi e eu tinha, como diretor de cena, Mário Bruno, do Rio de Janeiro. Como era costume, naquela época, o diretor de cena fez um relato sobre minha personagem e algumas marcações em palco.

A desenvoltura cênica ficou mais ou menos a meu critério. Cantei com um elenco brasileiro, tendo, como meu par amoroso, o tenor Bruno Lazzarini. Não era bem um papel adequado para sua voz e me recordo que, naquela ocasião, quem fazia o segundo tenor, no papel de Arturo, era Benito Maresca.

O sucesso de Benito foi tão grande nesse pequeno papel que, um ano depois, ele voltou a cantar comigo, já no papel principal, ou seja, Edgard.

Daí por diante Benito Maresca transformou-se nesse grande tenor brasileiro que tanto sucesso fez na Europa e que tanto contribui para o bom nome artístico de nosso país.

Em 1970, participei de uma montagem com um elenco internacional, tendo a presença de Benito Maresca no papel de Arturo.

A apresentação desse espetáculo foi uma das mais belas, pois trazia cenários de Paravicini, e guarda-roupa do *Teatro da Ópera de Roma*. A regência esteve a cargo do maestro italiano Alberto Paolette.

Para mim, a interpretação do papel de Lucia era habitual, pois, além das récitas feitas no Brasil, já havia participado das montagens nos palcos da Rússia.

Quando fui apresentada ao maestro Paolette creio que não lhe causei boa impressão: muito jovem, muito magra, talvez não lhe tivesse passado a imagem de Lucia que ele queria ou esperava.

A primeira pergunta que me fez foi para saber se eu já havia interpretado esse papel e, logicamente, a resposta me saiu um pouco altiva.

Quando iniciamos os trabalhos, com ensaios ao piano, cada vez que surgia a oportunidade de uma "cadência", ele nos interrompia, a mim e ao co-repetidor dizendo:

- *Não gosto de cadências dirigidas para o agudo; prefiro as cadências feitas no centro de voz.*

A minha resposta vinha firme:

- *maestro, sou soprano ligeiro, não tenho peso no centro da voz, e minhas cadências vão ser todas feitas para o registro agudo.* É claro que essa auto-suficiência desagradava o maestro.

Assim sendo, no sentido de convencer-me, ou com quintas intenções (minhas companheiras de coral já me haviam prevenido sobre a fama de conquistador do maestro), ele marcou um ensaio particular comigo, na sala dos maestros, às 12 horas do dia seguinte. Embora achando um pouco estranho o horário marcado, e já com o espírito prevenido, compareci ao ensaio. As previsões estavam corretas.

O maestro me esperava e, depois de um cumprimento cordial, fechou a porta com a chave, sentou-se ao piano puxando uma cadeira ao seu lado.

Abriu a parte musical, apanhou um lápis e, antes de explicar-me o que queria musicalmente, segurou minhas mãos delicadamente e perguntou-me:

- *Você conhece a Itália?* Com minha resposta afirmativa veio outra pergunta.

- *O que acha dos italianos?*

Disse-lhe que não tinha necessidade de ir à Itália para conhecer os italianos, porque a colônia era muito grande e conhecida de sobra neste país: pessoas alegres, desinibidas, bonitas e educadas. Ele continuou insistindo, segurando minhas mãos e dizendo que eu não havia citado a "exuberância" do italiano. Foi então que eu lhe disse:

- *Maestro, não estou aqui para discutir a exuberância do sangue italiano, mas sim para saber da exuberância da interpretação de Lucia di Lammermoor. Se o senhor continuar segurando minhas mãos, coisa sem nenhum objetivo, e insistir nessa conversa sem sentido, com esta porta fechada a chave, não sei porquê, eu vou realizar uma sessão de "agudos" que o senhor desconhece, por essa janela que dá para uma rua muito movimentada ao lado deste teatro. Garanto que amanhã o senhor será motivo de manchetes nos jornais, e não serão manchetes musicais.*

O maestro abriu a porta e me disse:

- *A senhora pode se retirar sem minhas explicações musicais, que naturalmente lhe farão falta, pois a senhora, além de autoritária, é muito pretensiosa.*

Daí para frente, os ensaios transcorreram em um clima de guerra, até que chegaram meus companheiros da Itália e o conjunto musical resultou uma maravilha, pois eu cantava em companhia do tenor Ruggero Bondino, do barítono Costanzo Mascitti, do baixo Mário Rinaldo, além de Benito Maresca, Tereza Boschetti e Assadur Kiultzian.

Os cenários, vindos de Roma como já disse, eram lindíssimos, tendo como novidade uma luz que invertia o cenário, na cena da Loucura, projetando uma Catedral para o público, a visão do delírio de Lucia, enquanto ela, desvairada, realizava malabarismos vocais, desafiando uma flauta. Ao final da *Ária da Loucura* havia um verdadeiro delírio da platéia. Numa das récitas, o entusiasmo do público foi tamanho que quem enlouqueceu fui eu: de cabeça baixa, mantendo o clima da cena sob a ovação interminável da platéia, e diante do olhar incrédulo do maestro Belerdi, que acompanhava a récita das coxias, estendi minha mão, apontando o maestro Paolette o que, na convenção da ópera, significa a concessão de um bis. Diante de um *Municipal* lotado e estarrecido, bisei, pela única vez na minha carreira, a *Ária da Loucura*.

Foram realizadas três ou quatro récitas desse espetáculo, misto de nacional e internacional e, apesar dos desencontros entre maestro e soprano, nos despedimos cordialmente. Tornei a encontrar o maestro Paolette, depois de 3 anos, quando de nossa apresentação de *Il Guarany*, na Itália.

Um ano antes dessa apresentação de *Lucia* em São Paulo, eu tinha realizado uma excursão artística pela União Soviética. Vou voltar a falar sobre essa tournée um pouco mais adiante. Após minhas duas primeiras apresentações na Estônia, fui convidada para apresentar a ópera *Lucia di*

Lammermoor no *Teatro Estatal da Armênia*, em Yerevan. Como tinha uma recomendação dos maestros do *Teatro de Tallin*, sobre minha musicalidade e reais possibilidades cênicas, e também por ter chegado no dia da récita, não tive tempo para um ensaio coletivo.

O maestro Arschawir Karapetjan reuniu-se comigo numa sala de ensaios e repassou os principais trechos e as cadências. As óperas, na URSS, eram sempre cantadas em russo, língua que eu absolutamente não falava. Então, deu-se o mesmo caso das óperas que realizei em Tallin, ou seja, eu em italiano e os outros em russo.

Após uma hora de ensaios, fui liberada para um pequeno lanche no hotel e regressei ao teatro para os preparativos da ópera. Conheci o elenco meia hora antes do espetáculo. Minha figura cênica, alta e magra, com os cabelos fartos e compridos e, principalmente, meus pés descalços na *Cena da Loucura*, impressionaram os russos, que não dispunham de uma figura cênica ideal, que representasse o desvario e a fragilidade do personagem, por serem mais encorpados, e cantarem sempre protegendo os pés com sapatilhas. É claro que tive de usar um figurino do teatro e me lembro que foi um sufoco para encontrar uma camisola adequada à minha estatura: a cantora que sempre interpretava essa ópera media aproximadamente 1,50 m. Com 20 cm a mais, eu estaria fatalmente vestindo um baby-doll...

Como o guarda-roupa nos teatros russos é repleto de trajes, encontraram finalmente alguma coisa parecida com uma camisola. A transparência era incrível: colocada contra a luz deixava o corpo totalmente aparente.

Antes de vesti-la, por causa do panejamento, achei que era muito bonita, porém, quando percebi que era completamente transparente, não queria mais usá-la, mas o diretor de cena veio me explicar que nos países russos não havia essa preocupação moralista, que eu devia lembrar-me de que estava num país comunista e aproveitou a oportunidade para informar-me que, segundo o sistema do país, aplausos nunca aconteciam em cena aberta, mas, sim, ao final de cada ato. E assim foi. Ao final de cada ato o elenco se apresentava na frente da cortina e

recebia, em conjunto, os aplausos do público.
Na entrada da *Ária da Loucura*, eu me senti um pouco inibida dentro daquela camisola, e percebi uma certa curiosidade no público, que devia ser muito mais por minha aparência física, diferente da dos demais, do que pelo traje. Foram apenas alguns segundos para eu me concentrar no meu personagem, realizando tudo aquilo que sabia fazer.
O flautista era excelente e o resultado final da cadência foi apoteótico. Pela primeira vez, segundo os diretores do teatro, foi quebrada uma tradição, porque fui aplaudida em cena aberta... Eu, apesar das outras...
Ao final do espetáculo, o maestro mandou, através de meu intérprete, um convite para um coquetel no saguão do teatro, coisa incomum. Concordei com o convite e fomos, meu intérprete e eu, ao encontro do maestro, que se fazia acompanhar do diretor de cena, do cenógrafo e do figurinista. Havia uma pequena mesa posta, com delicatesses e, sem dúvida, o famoso conhaque armênio. Sentei-me entre o intérprete e o maestro e ouvi, sem entender, um diálogo

muito interessante. O maestro dizia ao meu intérprete que ele me perguntasse alguma coisa, e meu intérprete respondia ao maestro:

- *Niet.*

O maestro insistia para que meu intérprete me explicasse alguma coisa, e ele voltava a dizer:

- *Niet.*

Pela terceira vez, antes que meu intérprete dissesse o famoso *niet*, percebi que a conversa era a meu respeito e pedi ao meu intérprete:

- *Por favor, se é alguma coisa comigo é melhor você me explicar.* E veio a explicação.

- *Desculpe, senhora, o maestro está perguntando se a senhora quer se casar com ele.*

Não sei se tomei como insulto ou como elogio, porém virei-me para o maestro e disse:

- *Niet.*

Amor? Paixão? Afinidade artística? Nada disso. O maestro estava cansado do sistema comunista russo e sabia que, se se casasse com uma estrangeira, ela teria condições de tirá-lo do país. Essa explicação me foi dada por Benjamin - meu intérprete - que me disse, também, que o maestro era uma pessoa séria e que esse "casamento" seria desfeito em Paris. Nunca senti tanta saudade do Brasil.

Dos espetáculos de *Lucia* que cantei, o mais interessante, sem dúvida, foi um realizado no *Teatro Municipal de São Paulo*.

Por quê o mais interessante? Porque creio que fui a única cantora que conseguiu fazer uma cadência final, a da *Ária da Loucura*, em trio: soprano, flauta e... Gato. Explico. Ao lado do *Teatro Municipal*, no Vale do Anhangabaú, havia uma senhora que criava gatos. Era um horror! Apesar de gostar muito dos bichanos, eu achava uma calamidade aquele amontoado de gatos.

Pois bem, nessa famosa récita de *Lucia*, um dos gatinhos resolveu entrar no porão do teatro, através das grades de ventilação. No mínimo, o animal devia estar miando há muito tempo, porém, com a sonoridade de orquestra, coro e solistas, ninguém podia ouvir. Mas quando o espetáculo chega no ponto da cadência final da *Ária da Loucura*, o silêncio se faz presente e apenas soprano e flauta estão presentes.

E foi aí que o Municipal todo escutou a estréia

do famoso trio. Lucia puxava a frase, a flauta respondia e o gato intervinha na hora e que lhe dava vontade. Como sou acostumada a ter, em minha casa, alguns bichinhos (gatos, cachorros, periquitos, canários e papagaio), percebi, na segunda intervenção, que não era nenhum mal-educado querendo fazer gracinha, mas a "voz" do gato, mesmo. Ficou até interessante...

A crítica do dia seguinte dizia: *"Ópera em São Paulo. Trio: soprano, flauta e gato."*

Se foi complicado cantar *Lucia di Lammermoor* na URSS, eu em italiano e o elenco em russo, essa dificuldade se repetiu em Israel, onde cantávamos todos em italiano, porém nos entendíamos muito pouco, porque o elenco era constituído por americanos, italianos, israelenses e um brasileiro.

Em 1977 estive em Israel com meu marido, visitando familiares dele, e tive a oportunidade de conhecer a diretora do *Teatro Nacional de Ópera de Israel*, Edis De Philippe.

Viajávamos, naquela ocasião, em companhia do tenor brasileiro Aldo Nilo Losso.

A diretora do teatro nos ouviu em audição e

acabei sendo convidada para cantar, no ano seguinte, quatro ou cinco récitas da ópera *Lucia di Lammermoor*. Ao meu companheiro de viagem ela ofereceu um ano de estudos custeados pelo teatro.

Em 1978, eu voltei para a apresentação dos espetáculos de Lucia, que teriam lugar na semana seguinte.

Fui acometida de uma gripe fortíssima, e quase não pude realizar esse trabalho. Porém, com a compreensão da diretora e uma pequena sonorização na boca de cena, pude enfrentar o complicado papel, acompanhada, como já disse, por um elenco internacional.

No ensaio geral da ópera, realizado com a assistência de um pequeno público especializado, já vestidos e maquiados como se fosse a récita, eu passei por um dos maiores vexames de minha vida artística. Explico: na famosa cena do casamento de Lucia, ela entra contrariada e cabisbaixa, levada pelas mãos de seu irmão, Lord Enrico Ashton, pois este casamento de interesse financeiro não era de seu agrado.

Quando seu irmão a apresenta a seu noivo, Lord

Arturo Bucklaw, papel entregue a meu amigo Aldo Losso, eu fui pega de surpresa.

Não tive tempo de ver Aldo antes de entrar em cena. Quando Lucia recusa o noivo, após a apresentação que seu irmão lhe faz, deu-se uma recusa inédita, pois a figura de Aldo Losso era simplesmente ridícula. Ele estava mais gordo, com uma peruca loira toda cacheada, ressaltando seus bonitos e grandes olhos azuis: mais parecia uma boneca da *Estrela* do que o futuro marido de Lucia. Não agüentei e caí numa gargalhada incontrolável e Aldo, apavorado, me perguntando:

- *O que está acontecendo? Por que você está rindo tanto?*

É claro que o ensaio parou pelas mãos do maestro Alexander Tarski, que não viu outro recurso além de cortar a cena. Eu, toda de noiva, sentada no chão do palco, e Aldo querendo saber o que estava acontecendo. Ao que eu respondi:

- *De sua cara, você está horrível.*

É claro que ninguém entendeu nada, pois o diálogo em português era ininteligível a todos, menos para meu marido que estava na platéia. Ele se aproximou do pódio e disse, em inglês, ao maestro:

- Desculpe, maestro. Isso nunca aconteceu; no mínimo minha esposa está cansada e emocionalmente abalada por cantar num teatro tão importante, e também por ser amiga do tenor brasileiro, que não vê faz muito tempo.

A duras penas consegui me controlar e, depois de pedir desculpas ao maestro, não sei se por gestos ou por alguma expressão em inglês, continuamos com o ensaio.

Meu resfriado continuava muito forte e, como já disse, foi graças à sonorização da boca de cena e à compreensão do elenco, especialmente do tenor italiano Umberto Scalavino, que fazia o papel Sir Edgard, que pude realizar a contento a 1a récita de *Lucia*. Como sempre, minha *Cena da Loucura* foi marcante, também para o público de Israel.

À medida que o tempo passava, meu resfriado melhorava e minha loucura piorava. Piorou tanto que, na última récita, numa das crises de Lucia, arranquei a toalha de renda que cobria a mesa de banquete e me envolvi nela, como se fosse um véu. Creio que a cena emocionou o público e assustou o barítono, que até então permanecia de pé, num canto do palco e, nesse momento, fugiu como se visse um fantasma. Recebi convite do teatro para retornar no ano seguinte, a fim de cantar *Rigoletto* e *A Flauta Mágica*, porém, apesar de gostar muito do mundo artístico de Israel, não pude compactuar com o conturbado ambiente político daquele país.

Outras óperas

De outras atuações minhas, em óperas, vou apenas fazer algumas citações. Foram aproximadamente vinte e cinco títulos de autores diversos e que trazem um ou outro aspecto interessante. Três delas que me agradaram, três que me desagradaram e duas, de Carlos Gomes, que fiz com muito carinho a admiração. Sobre estas tenho algo a dizer.

De Cimarosa, *Il Matrimonio Secreto*, merece referência por seu elenco brasileiro, com Maria Lucia Godoy, Nelson Portella, Zwinglio Faustini, Martha Baschi e Douglas Zerbo; regência do maestro Roberto Schnorrenberg; diretor cênico Celso Nunes. Com o mesmo elenco, trocando o barítono por Jarbas Braga e o diretor cênico por Ademar Guerra, interpretamos, de Mozart, *Cosi Fan Tutte*, que gerou polêmica, na época, porque Ademar conseguiu criar todo um clima político e social na cena, apesar da leveza do argumento e da música.

Na temporada lírica de 1977, em sua 2a récita de assinatura, o *Teatro Municipal de São Paulo* colocou em cena a ópera, de Vincenzo Bellini, *La Sonnambula*, regência do maestro Armando Belardi, direção cênica de Meliton Gonzales.

Sempre gostei do repertório das óperas de bel canto especialmente as de Donizetti e Bellini. Não poderia ser de outra forma, uma vez que os mestres do bel canto se esmeraram no trabalho técnico vocal para as vozes de soprano-coloratura.

Bellini, em sua ópera *La Sonnambula*, extrapolou nas mirabolantes cadências e fraseados técnicos, destinados a Amina, personagem central da ópera. Além de dar conta de todo trabalho técnico, tive o "atrevimento" de concluir a última ária emitindo um sol superagudo, que deu motivo para muito comentário dos críticos.

Fazia parte do elenco, em um pequeno papel naquela ocasião, Enrico Vannucci. Após 30 anos, cantei com Marcelo, filho de Enrico, na realização da ópera *A Noite do Castelo*. Foi emocionante.

Não me senti à vontade interpretando três óperas: *La Bohème*, porque o personagem e a tessitura vocal não se enquadram comigo; *O Barbeiro de Sevilha*, porque não gosto dessa ópera passada para o registro de soprano-ligeiro, uma vez que o original pede um mezzo soprano; e *Falstaff*, da qual participei apenas para resolver problemas de elenco, a pedido do maestro Edoardo de Guarnieri.

Não é segredo para ninguém a minha grande paixão por Antônio Carlos Gomes. Será por que vivo em Campinas? Será por que fui influenciada pelo maestro Belardi? Será por que ouvia minha mãe cantarolando *Quem Sabe?*, nos meus longínquos seis anos de idade?

Sexta-feira, 12 de Outubro de 1973, às 21 horas

TEMPORADA LÍRICA OFICIAL DE 1973

PROMOÇÃO DA

PREFEITURA DO MUNICÍPIO DE SÃO PAULO

SECRETARIA DE EDUCAÇÃO E CULTURA

DEPARTAMENTO DE CULTURA

Organização e Administração — ALFREDO GAGLIOTTI
Diretor Artístico — Maestro ARMANDO BELARDI

3.a RÉCITA EXTRAORDINÁRIA

"LA BOHÈME"

Ópera em 4 atos

Música de GIACOMO PUCCINI

Libreto de GIUSEPPE GIACOSA e LUIGI ILLICA

Primeira apresentação: 1 de fevereiro de 1896, no Teatro Regio, de Torino

Distribuição:

PERSONAGENS	INTÉRPRETES
RODOLFO	**Beniamino PRIOR**
MARCELLO	**Gian Giacomo GUELFI**
SCHAUNARD	**Andréa RAMUS**
COLLINE	**Mário RINAUDO**
Mimi	**Antonieta CANNARILE**
MUSETTA	**Niza de Castro TANK**
BENOIT	**Afonso AMIRATI**
ALCINDORO	**Afonso AMIRATI**
PARPIGNOL	**Assadur KIULTIZIAN**
Sargento DOGANIERE	**Benedito SILVA**

Regente:
Maestro GIGI CAMPANINO

Regisseur
WALTER CATALDI TASSONI

Maestro de côro
MARCELLO MECHETTI

Ponto
HERMÍNIA RUSSO

Diretor de Cena
EMMERSON ECKMANN

Maestros Substitutos e Preparadores
MARCELLO MECHETTI
HERMÍNIA RUSSO
RAPHAEL CASALANGUIDA

Chefe "metteur en scène"
FRANCISCO GIACCHERI

Assistente
SALVADOR CEBALLOS

Chefe de contra-regra
A. ASSUMPÇÃO

Chefe de iluminação
JOSÉ MANÇO

Chefe Costureira
MATHILDE GODOY ADAS

ORQUESTRA SINFÔNICA MUNICIPAL
CORAL LÍRICO MUNICIPAL

Cenário e Guarda-Roupa da Cenografia Parravicini e da Sartoria Artigiana Marilena di Roma.

Será por que meu professor, Sylvio Bueno Teixeira, começou meu repertório mais difícil, nos meus estudos de canto, pela *Balata de Il Guarany*?

Não sei, não sei dizer. O fato é que o compositor campineiro me envolveu com sua música, há muitos anos. E essa atração foi se desenvolvendo de tal maneira que a minha opção, na tese de doutorado, foi pelas canções desse grande mestre.

Por que, então, não escrevi sobre a obra lírica dele? A obra é extensa demais, complexa demais e, na ocasião, me senti incapaz de realizar esse trabalho de pesquisa e análise do segmento lírico de Carlos Gomes.

Além de sua obra conhecida, oito óperas e um poema vocal-sinfônico, eu ainda teria de fazer um levantamento sobre as inúmeras óperas inacabadas, que também mereceriam um tratamento de análise de suas partituras.

Já com suas *Canções, Cantatas* e *Revistas Musicais*, meu trabalho foi árduo e difícil, no sentido de conseguir reunir as canções todas, ou quase. É de imaginar a dificuldade muito maior que eu teria para reunir o material das óperas inacabadas. De minhas atuações cênicas, além de *Il Guarany*, conto mais duas: *A Noite do Castelo* e *Colombo* que, apesar de não ser uma ópera, também recebeu um tratamento cênico. Essas duas montagens foram realizadas em Campinas. *Colombo*, em 1974, reinaugurou, o *Teatro Castro Mendes*, de Campinas. É sabido que esse trabalho de Carlos Gomes é um poema vocal-sinfônico, mas, como seu desenvolvimento dramático admite um trabalho cênico, o maestro Benito Juarez incumbiu seu irmão, José Antônio de Souza, da pesquisa para a realização de uma montagem especial e encenada da peça. O trabalho de José Antônio foi belíssimo. Eu me recordo da cena da tempestade, onde ele construiu a proa de um navio, quase saindo do palco, com os mastros das velas desse navio entrando pelo teto vazado do palco. Amarrava essas velas uma espécie de rede de cordas, onde se agarravam alguns marinheiros, o coro, que conseguiam a proeza de cantar balançando nessas redes. No topo da proa, nosso querido e inesquecível barítono Fernando Teixeira, o Colombo.

Eu fazia Izabel de Espanha, Luiz Tenaglia fazia o Rei Fernando e um outro inesquecível companheiro, Zwinglio Faustini, fazia a imponente figura do Frade. Esse espetáculo ficou e permanece na memória do público campineiro.

Três anos depois de Colombo, eu ocupava o cargo de Delegada Regional de Cultura, em Campinas.

Foto de Colombo - Campinas 1974

Tínhamos, naquela ocasião, a possibilidade do cumprimento da Lei Estadual para a *Semana Carlos Gomes*.

Foi então que a Comissão Organizadora resolveu colocar em cena, depois de cem anos de esquecimento, a ópera *A Noite do Castelo*.

O maestro Benito Juarez se pôs a campo, constituindo uma equipe de musicólogos, a fim de recuperar a partitura, que se encontrava muito maltratada: algumas partes ilegíveis, outras faltando pedaços, outras amareladas pelo tempo...

A equipe trabalhou meses a fio e conseguiu recuperar a partitura. O grande cenógrafo e figurinista Thomaz Perina, artista plástico campineiro de grande expressão, idealizou um excepcional guarda-roupa, todo confeccionado pelo costureiro Jucam, em estopa, cordas e tampinhas de garrafa. O visual era lindíssimo, e se completava com a magnífica maquiagem feita por Alberto Camarero. A ópera foi levada à cena apenas duas vezes, nos dias 17 e 18 de setembro de 1977. Aguardo, ainda, que o material da ópera, comprado pela Universidade de São Paulo - USP, seja utilizado para novas apresentações

Imagens de A Noite do Castelo

desse primeiro trabalho operístico de Carlos Gomes. De Carlos Gomes cantei, em *Cortinas Líricas*, *Lo Schiavo*, no papel da Condessa; *Salvador Rosa*, no papel de Genariello, e *Condor*, no papel de Addin. O mestre campineiro não utilizava muito as vozes leves em suas óperas.

Capítulo IX

Premiações

Um ano depois de minha estréia no cast da *Rádio Gazeta*, nos meus gloriosos 25 anos, comecei a ser notada pela crítica musical de São Paulo, recebendo uma quantidade de prêmios que eu jamais sonharia.

O primeiro foi o *Roquete Pinto*, em 1956. Entre 1956 e 1960, voltei todos os anos para receber esse troféu. Era, sem dúvida nenhuma, o mais cobiçado da mídia, o Oscar brasileiro, como era chamado pelos meios de comunicação.

"PAPAGAIO" É "OSCAR" EM SÃO PAULO

EIS O NAIPE LIRICO DO «PAPAGAIO»: TENOR MANRICO PATASSINI, SOPRANO NYZA DE CASTRO E MAESTRO ARMANDO BELLARDI

Foi um espetáculo belo e inédito no gênero, a entrega das estatuetas do prêmio Roquete Pinto, correspondente ao ano de 1957, aos artistas que mais se destacaram no rádio e na televisão em São Paulo. Como é sabido, a Associação dos Cronistas Radiofônicos do Estado de São Paulo é quem escolhe os merecedores do prêmio e a Associação dos Funcionários das Emissoras Unidas é quem promove a festa e oferece os prêmios. Êste ano, como já vem acontecendo há algum tempo, a solenidade da entrega dos Roquete Pinto foi realizada no Teatro de Cultura Artística, perante seleta assistência. Quem apresentou os Roqueteados foi o deputado radialista Blóta Júnior. Cada premiado recebia a sua estatueta das mãos de sua madrinha ou padrinho, em cerimônia simples, enquanto sua imagem aumentada era projetada numa tela para que todos vissem bem a sua fisionomia.

Foi um belo ambiente de confraternização. Houve um detalhe que bem mostra a harmonia existente entre os dirigentes do rádio paulista. Quem entregou o prêmio a Paulo de Carvalho Filho, pelos grandes empreendimentos levados a efeito pela Record, foi Dario de Almeida, superintendente da OVC em São Paulo.

A segunda parte da festa foi um espetáculo em que se exibiram os cantores e humoristas premiados, e que foi animado por César de Alencar (da Record) e **Sara Sales (da Nacional Paulista).**

MAGNÍFICA A FESTA DO "PRÊMIO ROQUETE PINTO DE 1957"

Nota em O Mundo Iliustrado - Rio de Janeiro - 26/02/58

A *Associação dos Cronistas Radiofônicos do Estado de São Paulo* compunha uma comissão julgadora que indicava aqueles que, por seu trabalho e pelo destaque durante o ano todo, eram merecedores do prêmio. A *Associação dos Funcionários das Emissoras Unidas* (AFEU) era que promovia a festa e oferecia os prêmios.

A cerimônia de entrega se realizava no *Teatro Cultura Artística* e, várias vezes, o apresentador foi o insigne deputado radialista Blota Júnior.

Cada premiado recebia a sua estatueta das mãos de seu padrinho, em cerimônia simples, enquanto sua imagem era projetada em um telão.

Foi indescritível minha emoção ao saber, em 1956 que, por unanimidade, eu fui a escolhida para receber esse cobiçado troféu. Junto comigo, também do cast da *Rádio Gazeta*, ganharam o tenor Manrico Patassini e o maestro Armando Belardi; aliás ganhamos juntos por cinco anos consecutivos.

A festa de entrega do *papagaio*, como era chamado o troféu, era um luxo. O traje para os homens era smoking, e longo para as mulheres. A exibição e a competição nas toilettes femininas era deslumbrante. Em um dos anos fez-se uma enquete para se saber qual era a toilette feminina mais bonita. Em uma das cerimônias de entrega eu vestia um cetim perolado todo rebordado em pérolas e, apesar das outras, fui declarada a mulher mais bem vestida do troféu. Era realmente um vestido belíssimo que, anos mais tarde, como já contei, não pude mais usar, não por questão de mudanças no corpo, mas porque, após um concerto realizado em Maringá, no Paraná, a barra do vestido, sobre o perolado, ganhou uma marca indelével, avermelhada, da terra paranaense. O tecido era difícil de lavar, por causa dos bordados, e lavanderia nenhuma conseguiu remover o "vermelhão".

Não conseguiria nunca lembrar todo o maravilhoso mundo artístico que recebeu o troféu ao longo de todos esses anos. Porém, gostaria de citar alguns que, como eu, ainda hoje estão realizando alguma atividade, principalmente na televisão, e também citar outros que já partiram, deixando uma lição inesquecível para todos nós: Manoel de Nóbrega, Walter Forster,

Pagano Sobrinho, Agostinho dos Santos, Manrico Patassini, Almir Ribeiro, Arrelia, maestro Armando Belardi, Maysa, Chocolate...

Nos programas televisivos de hoje, encontramos, em plena atividade, Ronald Golias, Inezita Barroso, Nilton Travesso, Lima Duarte, Hebe Camargo, Laura Cardoso, maestro Ciro Pereira, Ângela Maria, Agnaldo Rayol e muitos outros.

Em 1959 participei do concerto, que era realizado pelos ganhadores, cantando, de Massenet, *O Rouxinol*, com acompanhamento da orquestra dirigida pelo maestro Gabriel Migliori.

Recebendo de J. Silvestre e Márcia Real o Troféu Melhores do Ano de 1957

De 1957 a 1960 recebi o troféu *Melhores do Ano*, também chamado *Troféu Tupiniquim*, por estar representado por um indiozinho, símbolo das *Emissoras Associadas*. A entrega dos prêmios aos Melhores do Ano da TV, rádio, discos e esportes, acontecia na sede da TV-3, uma realização de Airton Rodrigues. A cerimônia era conduzida por J. Silvestre e Márcia Real.

Conto, em minha coleção de troféus, com aproximadamente dez *Carlos Gomes*. Dentre eles, os que considero de maior relevância são a *Láurea Ordem do Mérito Cultural Carlos Gomes*, concedida pela Câmara Municipal de Campinas, no

Ordem do Mérito Cultural - Campinas 1991

Entrega dos prêmios Roquette Pinto de 1958 (acima) e 1959 (abaixo) e Os Melhores do Ano 1961 (ao lado)

dia 22 de setembro de 1991 e, sem dúvida nenhuma, o *Prêmio Guarani Hors-Concours*, concedido pela Comissão de Música do Conselho Estadual de Artes e Ciências Humanas da Secretaria de Estado da Cultura de São Paulo, presidida pelo maestro Fábio Oliveira, em 21 de setembro de 1998. A festa de premiação foi no *Teatro Sérgio Cardoso* de São Paulo, com a apresentação de Paulo Autran e Karin Rodrigues. Tive o prazer e a emoção de receber esse prêmio das mãos de um sobrinho-neto de Carlos Gomes, Dr. Nilton Gomes.

Um mês antes deste *Prêmio Guarani*, eu recebi, emocionada, a noticia de que me seria entregue, em Florianópolis, o *I Prêmio Aldo Baldin*. Esse maravilhoso cantor brasileiro, que passou sua vida artística elevando o nome do nosso país na Alemanha, foi por muitas vezes meu companheiro de obras musicais, em concertos realizados em São Paulo. A entrega do prêmio, realização da *Pró-Música* de Florianópolis, aconteceu no Teatro do Centro Integrado de Cultura de Florianópolis, no dia 30 de agosto de 1998.

Em Limeira, minha terra natal, a empresa Fumagalli S/A Indústria e Comércio instituiu, produziu e patrocinou o *Troféu Fumagalli* que é concedido aos Limeirenses que se destacaram or suas atividades profissionais durante o ano. Recebi 5 troféus de 1962 a 1971.

A entrega solene geralmente era realizada nos salões da *SDR Nosso Clube*. A imprensa local sempre deu um destaque especial para esse ato de cultura, à beleza da decoração do clube que, em um dos anos, foi feita com rosas e várias espécies de orquídeas.

O ato sempre contou com a presença de autori-

dades e um público especial que, entusiasticamente, aplaudia a parte artística, sempre a cargo de renomados astros do mundo musical.
Recordo a entrega do prêmio em 1963, e o concerto lírico realizado: um belíssimo espetáculo organizado pelo maestro Armando Belardi, que levou para Limeira os cantores Sérgio Albertini, Mariangela Réa e Costanzo Mascitti.
A imprensa local, após noticiar a entrega do troféu e o concerto, terminou seu comentário dizendo: *"Qualidade, elegância e bom gosto, caracterizaram o artístico acontecimento, que marcou época em nossa cidade."* A câmera da Ampla-Visão, de Primo Carbonari, gravou as imagens em cores para o Brasil e o mundo. Voltei a receber o Fumagalli em 2002.
Além desses troféus, posso mencionar, ainda, uma coleção de *Os Melhores da Semana, Troféu Ordem dos Músicos do Brasil, Bandeirantes, Troféu Cacique* e *Troféu Personalidades*, que recebi nos anos de 1969 a 1975. Conto, em minha coleção de prêmios, com aproximadamente 50 medalhas, internacionais e nacionais.
Das nacionais, destaco o Prêmio de Melhor Can-

tora de 1967, concedido pela APCA - Associação Paulista de Críticos de Arte – a Medalha de Prata da Assembléia Legislativa do Estado de Rio Grande do Sul e a Medalha de Prata do Sesquicentenário da Imigração Alemã do Rio Grande do Sul.

Guardo, com emoção e carinho, a Medalha de Prata que recebi do *Teatro San Carlo de Nápoles* pela realização da ópera *Il Guarany*, e também as medalhas de mérito artístico que recebi na URSS, por minhas apresentações nas óperas *Lucia de Lammermoor*, no *Teatro Estatal de Yerevan* na Armênia, *Teatro Estatal de Talin* na Estônia e *Teatro Estatal de Odessa*, com as óperas *Flauta Mágica*, de Mozart, e *Rigoletto*, de Verdi; também pelos concertos realizados nas salas de concertos de Leningrado, Kiev e Moscou.

Em 1970, exatamente no dia 5 de maio, a Câmara Municipal de Campinas me concedeu o título de Cidadã Campineira. Após 25 anos de residência na terra de Carlos Gomes, a cidade que sempre amei me proporcionou a emoção de ser considerada sua filha adotiva.

Meu coração sempre se repartiu entre Limeira e Campinas.

Conto, em minha coleção de títulos, com quatro comendas: Francisco Barreto Leme, da Sociedade Brasileira de Artes, Cultura e Ensino; Comenda do Mérito Artístico Carlos Gomes; Comenda Ordem do Mérito Cultural Carlos Gomes e, finalmente, a Comenda Carlos Gomes, juntamente com um diploma de Honra ao Mérito da Loja Maçônica Amizade, de São Paulo. A esta Loja Maçônica pertenceram os famosos irmãos José Pedro de Sant'Anna Gomes e Antonio Carlos Gomes.

Em 1999, apresentei a Cerimônia de Entrega do IV Prêmio Carlos Gomes, na Sala São Paulo, juntamente com Paulo Henrique Amorim.

ГОСУДАРСТВЕННЫЙ ОРДЕНА ЛЕНИНА
ОПЕРЫ И БАЛЕТА
ГАСТРОЛИ
НИЗЫ ДЕ КАСТРО
ТАНК
(БРАЗИЛИЯ)
22 ДЕКАБРЯ
Г. Доницетти
ЛЮЧИЯ ДИ ЛАММЕРМУР
Лючия - Низа де Кастро Танк
ОДЕССКИЙ
ГОСУДАРСТВЕННЫЙ АКАДЕМИЧЕСКИЙ
ТЕАТР ОПЕРЫ и БАЛЕТА
ГАСТРОЛЬ
СОЛИСТКИ ОПЕРНОГО ТЕАТРА САН-ПАОЛО (Бразилия)
Низа Де КАСТРО ТАНК
6
Д. ВЕРДИ
6
РИГОЛЕТТО
Опера в 4-х действиях
Партию Джильды поет Низа Де КАСТРО ТАНК
Начало в 19 час. 30 мин.
TÖÖPUNALIPU ORDENIGA
EESTI NSV RIIKLIK AKADEEMILINE
OOPERI- JA BALLETTITEATER
„ESTONIA"
NIZA DE CASTRO TANK
(Brasiilia)
Neljapäeval, 25. detse
Öökuninganna osas W
VÕLUF
Laupäeval, 27. detse
Gilda osas G
RIGOL
האופרה הישראלית
THE ISRAEL NATIONAL OPERA
1977-1978 SEASON
Edis De-Philippe
אודיטוריום חיפה
HAIFA ADITORIUM
הצגה מיוחדת
SPECIAL PERFORMANCE
MON.
יום ב׳
20.3.78
לוצ׳יה די לאמרמור
LUCIA DI LAMMERMOOR
Opera by DONIZETTI
Produced by: EDIS DE-PHILIPPE
Conductor: ALEXANDER TARSKI

Capítulo X

Tournées

Uruguai

Minha primeira viagem ao exterior, para a realização de um concerto, aconteceu através de um convite da Casa do Brasil, no Uruguai.
A apresentação deveria conter um repertório exclusivamente de Música Brasileira e, assim sendo, na primeira parte do programa, cantei compositores brasileiros, acompanhada ao piano pelo pianista uruguaio Edoardo Gillardoni.
Na segunda parte apresentei, de Villa-Lobos, *Bachianas Brasileiras no 5*, acompanhada por oito violoncelos, sob a regência do maestro Guido Santorsola. Nessa ocasião, o maestro Martine, do Colon de Buenos Aires, convidou-me para uma audição.
Perdi a oportunidade de cantar no Colon porque, em minha agenda, já constava uma viagem para Moscou.

URSS

Viajei para a União Soviética acompanhada pelo empresário Emílio Billoro, para apresentar, em Moscou, um programa exclusivamente de compositores brasileiros.

O concerto, que contou na platéia com representantes da Embaixada Brasileira, foi um sucesso e a direção de concerto de Moscou (Goskoncert) me fez a proposta de uma permanência maior na URSS, para a apresentação das óperas *A Flauta Mágica*, de Mozart, *Rigoletto,* de Verdi, *Lucia de Lammermoor*, de Donizetti, nos teatros dos diversos satélites da República. Era uma oportunidade única e, apesar de todas as dificuldades que sabia que encontraria, aceitei. Minha estréia se deu no *Teatro Estatal de Talin*, na Estônia, com *A Flauta Mágica* e *Rigoletto*. Foi uma sensação estranha a de integrar-me a um elenco apenas poucas horas antes da apresentação, cantando em alemão e italiano, enquanto todos cantavam em russo e, o que era mais complicado, podendo me comunicar somente através de um intérprete que não era da área da música; mas o profissionalismo, a seriedade e a dedicação de todos a seu trabalho, transformaram essas apresentações em sucesso. Depois de Talin, um intervalo de dez dias me separava da apresentação em Yerevan, na Armênia e os organizadores se dispuseram a mostrar-me o que eu preferisse ver naqueles dias. Optei por conhecer o desenvolvimento do estudo de canto na URSS.

Fui então levada a uma creche, onde a vocação musical era descoberta, e levada para as escolas onde, depois dos quatro anos, o aluno escolheria seu instrumento e se integraria aos corais infantis. Desses corais sairiam as vozes que receberiam um ensinamento especializado.

Tive a oportunidade de freqüentar algumas aulas das classes avançadas de canto, no Conservatório de Moscou, e pude aprender muito no que diz respeito a relaxamento, concentração, abstração e interpretação.

Como linguagem de escola de canto, foi a mais perfeita que pude conhecer, por sua perspectiva de encarar o aluno como um todo.

Os cursos incluíam aulas de técnica vocal individual, interpretação teatral, expressão corporal, dança e instrumento acompanhante.

O período de duração do curso era de cinco a seis anos e as aulas tinham horários diários das 9 às 12h e das 14 às 18h. O produto final era, sem dúvida, um profissional.

Yerevan (Armênia) me deu uma acolhida muito próxima à de um país latino, cheio de calor e humanidade. Fui recebida, no aeroporto, por uma comissão artística do *Teatro de Yerevan* e, entre aturdida e surpresa, fui abraçada e beijada na boca pelos quatro senhores que me esperavam. Ao procurar por meu intérprete, vi que ele também recebia o mesmo tratamento: costumes da terra!

Por ser lá a capital do conhaque, na própria sala do aeroporto me fizeram um brinde. Levantaram seis grandes taças e se assustaram quando eu, delicadamente, apenas provei; comentaram entre si, e meu intérprete explicou-me que eu deveria virar, de um só gole, todo o conhaque. Apesar de delicioso, tomei mais um pouco, pedi desculpas e expliquei não estar acostumada a esse tipo de bebida, muito menos às 10 horas da manhã.

Terminada minha apresentação em Yerevam, voltamos para Moscou, onde eu ficaria aguardando por quatro ou cinco dias minha próxima apresentação, no Teatro Estatal de Odessa. Que solidão!

Meu intérprete deixou os telefones de contato, pois ele estaria ocupado o dia todo com seus exames de línguas latinas, especialmente espanhol e português, na Universidade, e somente à noite estaria no hotel.

É evidente que a embaixada brasileira, através de seu adido cultural, estava sempre à minha disposição para qualquer eventualidade, porém eu não queria dar muito trabalho. Esgotei dois livrinhos de palavras cruzadas e me deliciei com a programação cultural da televisão russa.

Quanto à alimentação, aprendi algumas palavras que me ajudaram no café da manhã e Benjamin, meu intérprete, deixou por escrito dois tipo de refeição para o almoço, ou seja, peixe frito ou frango assado. No terceiro dia não havia nenhum dos dois no cardápio.

Olhando para a mesa vizinha, vi um caldo fumegante e, apesar de não gostar de sopa, nem de chá - me parecem coisas pra quando se está doente - apontei para o prato do hóspede e pedi os dois de uma vez só. Porém, havia mais na mesa do vizinho: uma espécie de coxinha de galinha, acompanhada de um cálice de vodca, que também me trouxeram. A vodca era excelente, porém a tal da coxinha era uma massa de batata recheada de gordura. Explica-se: o clima acusava - 32 °C. Quando voltei ao Brasil, meu 1,70 m carregava apenas 50 Kg. Estava um manequim, esquálido e cadavérico: cabelo, pele e osso. Os russos estranhavam tanto minha constituição física que alguém chegou a perguntar a Benjamin, depois de medir meu pulso entre os dedos, para quê servia uma mulher como eu, no meu país. Próximo passo: Teatro Estatal de Odessa.

Cansada de andar de avião, pedi a Benjamim para fazer uma viagem de trem, pois queria muito conhecer a paisagem gelada da Rússia. O pobre rapaz não gostou nem um pouco da idéia, mas como estava a meu serviço, não viu outra alternativa e reservou as cabines de trem para uma viagem de 12 horas. Saímos de Moscou às 20 horas, já escuro, trem superlotado e, para meu espanto, cabines coletivas, de quatro lugares. Justificativa: país comunista, cabines coletivas. Viajei acompanhada por três senhores. Após uma hora de viagem, russas bem nutridas vieram servir o chá da noite. Eu estava faminta e disse ao meu intérprete:

- *Gostaria de jantar.*

Que ilusão! O carro restaurante só servia lanches, que já tinham acabado. Eu não sabia que deveria ter providenciado alguma comida para levar. Benjamin, preocupado, conseguiu, na cabine vizinha, que os passageiros me oferecessem alguma coisa para comer.

Fui convidada para ir até lá e, após a minha apresentação (pessoa rara, vinda do Brasil), eles, judeus russos, partilharam comigo o lanche que levavam, ou seja, sanduíche de arenque, cheio de cebola (detesto!) e creme de leite, e sanduíche de salmão com pepinos em conserva e chá. Escolhi o sanduíche de salmão com pepinos. Depois de comer e tomar o chá (!), agradeci a gentileza dos vizinhos e voltei para nossa cabine. Já eram 22 horas e eu me perguntava como iria dormir acompanhada pelos três cavalheiros... Finalmente, disse a Benjamin:

- *Estou com sono.*

Imediatamente ele conversou com os outros dois que, com um cumprimento de cabeça, saíram para o corredor. Benjamin explicou que, assim que eu estivesse acomodada, bastaria puxar minha cortina, que me isolava dos outros, e empurrar a porta da cabine. E a minha curiosidade? Eu queria saber como é que eles iam fazer para trocar de roupa antes de dormir.

Foi fácil: acomodei-me, puxei minha coberta, abri a porta e não fechei minha cortina.

Nos dois beliches à minha frente viajavam, na parte superior, um esportista e, na parte de baixo, um professor de matemática. Do meu lado, na parte de cima, Benjamin.

O esportista deu um boa noite e foi para seu beliche. Benjamin se despediu e foi para o seu beliche. Fecharam-se as cortinas dos beliches superiores. O professor de matemática acendeu uma luz mais forte, ajeitou uma prancheta e ficou fazendo cálculos até quase meia-noite; eu acendi minha luz e fiquei fazendo palavras cruzadas. Mais ou menos à meia-noite, o professor guardou seus trabalhos e começou sua toilette. Tirou o paletó, a gravata e a camisa. Estava vestido com um agasalho azul pavão. Desceu as calças e estava vestido com um ceroulão azul pavão. Acomodou-se, acenou um boa noite e fechou a cortina. Êta curiosidade mais besta!

No dia seguinte, às 6 horas da manhã, já vestida, saí para usar o lavatório e vi, com surpresa, dezenas de homens vestidos da mesma maneira, de azul pavão: traje de viagem para um país comunista.

A apresentação da ópera *Rigoletto*, no *Teatro Estatal de Odessa*, foi uma aventura. Eu não havia participado, ainda, de montagens que usassem recursos eletrônicos na maquinaria da cenografia. Numa das coxias do palco, uma mesa cheia de botões comandava toda a movimentação cênica.

Eu tinha chegado de Moscou bastante cansada. Não houve possibilidade de ensaios e maiores explicações sobre a encenação da ópera.

Também não pude conhecer o elenco que atua-

ria comigo. Benjamin, muito solícito, porém desconhecendo detalhes relativos a encenações operísticas, procurou saber da direção cênica o que foi possível e me transmitiu algumas instruções, já no camarim, durante a maquiagem.
Meu encontro com o maestro, seguro e firme, me deixou tranqüila quanto à parte musical.
Em cena, fui recebendo os impactos de escadas rolantes, que me tiraram do palco, após o *Caro Nome*, de palcos giratórios, de palcos em três níveis, além do de um tenor vários centímetros menor que eu, dificuldade que precisei contor-

nar cantando sentada, ou sempre em nível mais baixo que ele, para evitar a comparação.
Quando a récita terminou, felizmente com sucesso, pude sentir, pela primeira e única vez em minha vida, a experiência de cantar sob tensão: o corpo me doía do cabelo à ponta dos pés.
Para o dia seguinte estava programado um recital de encerramento de minha tournée em Moscou, na sala do *Conservatório Tchaikovsky*. A organização era da embaixada brasileira e do famoso compositor Aran Kachaturian.
Marcado para as 19 horas, em Moscou, eu deve-

ria partir de Odessa no avião das 11 horas. O mau tempo, porém, me impediu de chegar, retendo-me no aeroporto de Odessa durante 11 horas, à espera de teto para decolagem e pouso em Moscou. Consegui embarcar às 22 horas. Meu nome era chamado pelos alto-falantes a cada 2 horas, até às 16 horas, e eu não podia fazer nada. À meia-noite, já em Moscou, soube pelo adido cultural que o maestro Kachaturian havia se desculpado perante o público e distribuído, entre as senhoras da platéia, as flores que a embaixada havia conseguido, a duras penas, por causa do clima, comprar para me oferecer.

Foram 40 dias de URSS que me trouxeram uma nova visão da chamada Carreira Artística: visão despojada de vaidades, de aplausos falsos e ostensivos, de críticas improcedentes, de ciúmes profissionais. Foram 40 dias que me deram crescimento, sobretudo nos rumos de minha atividade didática.

Hoje, lamento minha atitude, temperamental, que me levou a reduzir a pedacinhos as críticas publicadas nos jornais russos, só porque não conseguir entender uma única palavra do que diziam, apesar de meu intérprete afirmar que continham apenas elogios. Porém trouxe comigo os cartazes e as fotos.

Ao final dessa temporada russa, recebi um convite para uma permanência mais longa, justificada pela realização de um filme, que começaria a ser rodado, sobre a vida de Goya. Eu entraria no papel de sua amante, uma cantora lírica. Mas, àquela altura, começou a me dar uma vontade de comer omelete...

E eu voltei para casa.

Itália

Colocar um Guarany em cena, aqui no Brasil, é relativamente fácil. Porém, levá-lo para a Itália, é uma façanha incrível. Vivi os momentos angustiantes de cenógrafos, figurinistas, diretores de cena, maestros, quando fomos celebrar os cem anos da ópera, no Teatro San Carlo de Nápoles.

Cartaz da apresentação e platéia do Teatro Di San Carlo, em Nápoles

Saímos com dois elencos escolhidos entre Rio e São Paulo. O Peri paulista seria Sérgio Albertine. Uma semana antes do embarque, Sérgio, que estava maravilhoso no papel, sofreu uma hemorragia estomacal e, internado em um hospital de São Paulo, não pode seguir conosco. Em seu lugar, embarcou nosso querido Assis Pacheco.

Mais uma vez, apesar das outras, fui a escolhida para as quatro primeiras récitas na Itália. Éramos sessenta brasileiros: maestros, cantores, bailarinos, equipe de produção, cenógrafos, diretores de cena, figurinistas, etc.

Bem instalados em um dos melhores hotéis de Nápoles, e confirmado o elenco de estréia, começamos os ensaios com orquestra e coro do teatro italiano, sem problema algum.

Porém, a presença de uma ópera brasileira, com sessenta participantes, deu a oportunidade, aos funcionários do teatro, de entrar em sciopero, greve, dificultando, assim, nosso objetivo. Não houve meio de convencer a direção do teatro a acabar com a greve. Os funcionários estavam irredutíveis, pois viam a importância da realização da ópera brasileira, e percebiam a grande oportunidade de um aumento salarial. De nosso lado, o apelo de empresário, maestros, pessoas ligadas à Embaixada, não adiantou de nada. Era uma tristeza e um desapontamento geral. Como regressar ao Brasil sem a realização da comemoração da ópera *Il Guarany* em solo italiano? O trabalho, os gastos, o ideal, tudo veio abaixo.

Foi então que surgiu a figura do presidente da Ordem dos Músicos do Brasil, Sr. Wilson Sandoli, que viajou conosco, e que até então estava esperando uma resolução amigável.

- *Não se preocupem, disse ele. Acho que resolvo essa parada.*

Dito e feito. Sandoli foi falar com a direção de concertos e realizações artísticas e, uma hora depois, a greve estava terminada.

- *Como foi o milagre?* perguntamos.

- *Não houve milagre algum*, disse ele, *apenas uma conversa onde expliquei que, em nosso país, temos uma colônia italiana muito grande, que sempre foi tratada com muito carinho, sendo atendida em seus pedidos de realizações artísticas. Que, se nos vetassem a possibilidade de apresentação da ópera, eu estava em posição de começar a "dificultar um pouco" a vida de artistas italianos no Brasil.*

Caso resolvido, voltamos para os ensaios. Faltavam apenas dois dias. Enquanto trabalhávamos musicalmente, os produtores quase enlouqueciam com a montagem. Ah! A montagem... Baldes de tinta, pincéis, perucas, penas, colares, tangas, palhas, chocalhos, maracás...

De maneira alguma os italianos queriam raspar o peito e tirar a barba. Foi uma luta! Índios gordos, bem nutridos, corados, não se pareciam com nada dentro de tangas mal-assentadas por causa das barrigas e mostrando pernas cabeludas.

E elas? Não! Definitivamente não tirariam a roupa, para vestir "aquilo"! Jamais!

Foi inventada, de última hora, uma espécie de saia de palha, simplesmente ridícula. Quando, em um dos ensaios, olhei a tribo, tive um ataque de riso.

A única saída foi esconder a indiada no meio da floresta. O cenário, belíssimo, foi acrescido de galhos pendentes e telões vazados em filó, onde elas apareciam a meio corpo.

A tribo é importantíssima neste ato, pois é representada pelo coral, que por sinal estava ótimo. Mas a atuação cênica não convencia e, então, o corpo de baile socorreu o diretor de cena, e, apesar de não cantar, "marcou" a ação do coral. O resultado foi aprovado.

O grande e incomparável cacique Benedito Silva se incumbiu de embelezar o terceiro ato, com sua magnífica voz e sua presença marcante nesse papel. Meu Cacique predileto, Cacique de todos os tempos. Se Carlos Gomes o tivesse conhecido, nunca aceitaria outro para este papel.

Chegou finalmente o dia da estréia. Logo de manhã passei por Mascitti, nosso Gonzales, e perguntei:

- *E então? Como vai o nosso aventureiro?* Ele, falando baixinho, fez um sinal indicando não estar bem.

- *Dor de garganta... afonia...*

A fim de tranquilizá-lo, recomendei o maravilhoso chá de camomila, incomparável ao de Nápoles. Saí um pouco preocupada e, encontrando o Mastro Belardi, disse a ele:

- *Mascitti não está bem, seria bom o senhor con-*

versar com ele. O maestro respondeu:

- *Não é nada, eu garanto, apenas a emoção e a responsabilidade de cantar em sua terra. Vai passar e teremos nosso Gonzales como nunca.*

O dia transcorreu calmo e, à tardinha, estávamos prontos para enfrentar a maquiagem, o guarda-roupa, os vocalizes para aquecimento vocal, etc., etc...

Tudo pronto, já vestidos, faltando só 30 minutos para o início do espetáculo, nos chega ao camarim a notícia-bomba: Mascitti não pode cantar, está afônico.

A correria foi grande. O maestro procurou ficar calmo. Médicos, psicólogos, maestros de coro, invadiram o camarim de Mascitti, tentando ajudá-lo a sair do problema e... Nada. Não havia mais tempo para esperar. Na Europa os horários são cumpridos rigorosamente. Então começou o desfile da troca de personagens: Andréa Ramos fazia o papel de Alonso. Desvestiu-se e se transformou em Gonzales.

E quem faria Alonso? Benito Maresca, que faria Dom Álvaro, tenor, o prometido de Ceci, disse ao maestro:

- *Eu sei o papel.* O maestro lhe disse:
- *Maresca, você é tenor e Alonso é baixo.* Ao que Maresca contestou:
- *O senhor não tem outra saída.*
Outra troca de roupa. E Dom Álvaro? Quem faria o noivo de Ceci?
Viajou conosco, de Campinas, um tenor de voz lindíssima, César D'Otaviano, que fazia parte do elenco de apoio, para ajudar se houvesse algum problema com os outros tenores, e que também estava preparado para o papel de Dom Álvaro. César vinha chegando para assistir o espetáculo, vestindo um elegante smoking, acompanhado por sua esposa, Marlene, em traje de gala. O diretor de cena disse a ele:
- *César, eu acompanho sua esposa ao camarote e você, por favor, chegue ao camarim do maestro. Ele quer dar uma "palavrinha" com você.*
Sem saber do que se tratava, César dirigiu-se ao camarim do maestro e Marlene foi conduzida ao seu camarote. O susto do tenor campineiro foi enorme. Eu escutava de meu camarim:
- *Niza, por favor, me ajude, eu nunca ensaiei em cena!*

Isto tudo aconteceu em meia hora. O maestro disse uma palavra de ânimo e incentivo a todos nós. Os microfones dos camarins foram desligados por alguns instantes, enquanto a orquestra tocava o Hino Nacional Brasileiro, para evitar uma emoção ainda maior. Finalmente, o grande Carlos Gomes, com sua sensacional Protofonia.

O público, que lotava o teatro, recebeu com um vibrante aplauso a Protofonia e, entre curioso, atento e até certo ponto incrédulo pela realização do espetáculo, esperava impaciente a aparição da atração maior, os índios. Como no 1o ato aparece somente um índio, Peri, o destaque foi para o dueto entre o par romântico da ópera, *Sento una forza indomita*.

Não sei dizer se estávamos tensos pelos problemas todos que antecederam o espetáculo, ou se a ópera não foi tão atraente no princípio, mas o fato é que a reação do público foi muito discreta, com "aplausos de cortesia", como costumamos dizer quando não há uma vibração espontânea por parte do público. A reação começou a surgir com a célebre *Canção do Aventureiro* que, por sua melodia espanhola e ação cênica, atinge e envolve o espectador; mas mesmo assim o aplauso esperado não chegou nem perto daquele do público brasileiro.

Antes de minha entrada em cena, para o quadro seguinte, onde Ceci interpreta a célebre *Balata, C'era una volta un principe*, o maestro Belardi, preocupado com o desenrolar do espetáculo, me procurou no camarim e disse:

- *Niza, nós dois sabemos do que você é capaz na interpretação dessa ária. Nós dois sabemos da sua desenvoltura técnica na cadência final, por isso eu lhe peço: dê o máximo que você conseguir, pois eu sei que o público gosta de malabarismos técnicos e superagudos, atributos que lhe sobram. Ao final da ária, na cadência, amplie como quiser: invente, aumente e, não se preocupe, eu estarei esperando o "trilo" do si bemol para a resolução final.*

Entendi que algo tinha de ser feito, a fim de acordar o público, e assim fiz. Ao final da cadência, o público, de pé, rompeu em aplausos e pedidos de bis. Desse ponto para frente, a ópera despertou o interesse dos italianos, mesmo porque, o que eles mais esperavam, os índios em seu acampamento, apareceu em seguida, no 3o ato. Além disso, a grande surpresa da ópera, a derrocada do cenário no último ato, impressionou e emocionou até o último e apático espectador. Belo e gratificante resultado que se repetiu nas noites seguintes.

Cantadas minhas quatro récitas, passei a espectadora e fui à estréia do segundo elenco, com a Ceci Diva Pieranti e o Peri Zacarias Marques.

Cansada de tanto figurino e maquiagem fui para o teatro de cara lavada e calças compridas. Fiquei muito constrangida quando me dei conta de que o público me reconhecia, e apontava, e pedia autógrafos... E eu daquele jeito, toda mal arrumada... Tanto que, sem esperar pelo espetáculo, voltei para o hotel. No dia seguinte, devidamente vestida e maquiada, pude assistir a apresentação de meus colegas, ou melhor, tentei... Tudo ia indo muito bem, até a entrada de Peri. Zacarias, cheinho e muito mais baixo que Diva, tentou vencer essa dificuldade usando um par de sandálias... De salto alto... E com uma fivela de prata, que brilhava debaixo das luzes.

Aquela figura me pareceu tão ridícula, que tive um dos meus famosos acessos, rindo até chorar e escorrer a maquiagem inteira e ser tirada do teatro por meu marido.

Agradecimentos em Il Guarany - Nápoles 1971

Alemanha

Em uma de minhas viagens para a Europa, foi conosco o tenor Aldo Nilo Losso. Meu amigo desde os tempos de Secretaria Estadual de Cultural, onde exercia a função de Chefe de Gabinete, Aldo sempre teve paixão pelo canto.

Conheci Aldo cantando em uma *Bohème* desastrada, no *Teatro Municipal de São Paulo*, que ele ainda tenta esquecer. Digo desastrada, mas reconheço que esse desastre deu impulso para que o tenor se dedicasse com afinco a seus estudos, melhorando possíveis falhas.

Após a récita, fui ao camarim de Aldo para levar uma palavra de conforto, pois seres humanos estão sujeitos a falhas, assim como estão sujeitos a repará-las e superá-las. Como já disse, Aldo agarrou-se com todas as forças a seus estudos e superou essa fase não muito grata. Ficamos amigos.

Em 1977 viajamos, meu marido, Aldo, a esposa e eu, para a Europa. Nossa primeira escala foi em Israel, onde aconteceu a audição que já contei, e de lá, fomos para a Alemanha.

Samuel, meu marido, já tinha feito contato com a Agência Adler de Concertos que marcou, para 21 de maio de 1977, um recital de músicas brasileiras e trechos de óperas reunindo o soprano Niza Tank e o tenor Aldo Losso.

O concerto realizou-se no Konzertsaal de Berlim. Fomos acompanhados por um exímio pianista,

Wilhelm von Grunelius. Guardo, de Berlim, uma crítica recolhida num Caderno Mensal Berlinense chamado Opinião, e que tece elogios ao concerto realizado pelos brasileiros.

A crítica vem assinada pelo jornalista Frans Peiser que, dentre outras coisas, assinala: *"Niza de Castro Tank possui tanto um timbre, quanto uma técnica equilibrados de um extraordinário soprano; sua coloratura é muito difícil de ser superada"*, mas adiante ele coloca o seguinte: *"Muito felizmente os dois artistas nos deram a conhecer um dueto do compositor brasileiro Antonio Carlos Gomes, da ópera Il Guarany."*

No dia seguinte ao concerto, Samuel foi fazer os acertos com a Agência Adler e o diretor artístico mostrou interesse em me conhecer melhor. Pediu, então, que eu cantasse a 2a Ária da *Flauta Mágica*, de Mozart. Após essa pequena audição, os diretores da agência conversaram com meu marido. Eu não entendia o idioma, porém percebi, pela expressão de Samuel, que eu havia conseguido impressionar bem os diretores da casa. E assim foi: Samuel, exultante, me participou que a agência Adler tinha a intenção de me contratar por todo o ano, ou seja, 1978, para cantar, em vários teatros da Alemanha, três vezes por semana, o papel da Rainha da Noite, na *Flauta Mágica*.

Levei alguns segundos pensando no clima gelado, na organização metódica, na repetição sistemática de uma ópera três vezes por semana... Meu dedo indicador balançou minha negativa, apesar dos protestos de meu marido. Esqueci de um detalhe muito importante: o cachê era irrecusável.

Samuel nunca pôde entender minha atitude, porém eu não teria condições psicológicas para enfrentar tamanha maratona. Sou neta de alemães por um lado e conheço muito bem o que é disciplina germânica, mas o que falou mais forte foi meu outro lado, o espanhol, e o que gritou ainda mais alto foi meu espírito profundamente brasileiro: sol, verde, pássaros, flores, comidinha mineira e, acima de tudo, a alegria espontânea desse povo maravilhoso. Mais uma vez recusei a carreira internacional e voltei para casa.

Israel

Muito pouca coisa tenho para dizer sobre minha atuação pelos teatros de Israel, uma vez que a principal apresentação foi na ópera *Lucia di Lammermoor*, sobre a qual já falei. Porém não fiz referência a duas outras apresentações dessa ópera, em Jerusalém e Haifa.

Nos estudos que fiz sobre atuações em cena lírica, o ponto "emoção" foi sempre exaustivamente enfocado, visando o equilíbrio que um artista lírico deve ter. A emoção deve estar sempre racionalmente controlada. Dentro da interpretação de um personagem, em uma cena mais dramática, o artista corre o risco de ter sua voz embargada se o emocional não estiver controlado. O mesmo acontece com os aplausos em cena aberta; o mesmo acontece quando o artista se apresenta em grandes teatros internacionais, ou mesmo em seu país.

Sempre tive esse cuidado, pois os teatros da Itália, principalmente o *San Carlo* de Napole, os teatros da Rússia, as grandes salas de concerto da Alemanha, Rússia, Uruguai, Argentina,

Espanha etc., poderiam alterar meu controle emocional. Por duas vezes, em minha vida, quase perdi esse controle.

A primeira delas foi em Israel, no grande teatro de Jerusalém: já em fase de concentração, de repente senti algo estranho, fugindo do controle, ao pensar que iria cantar no maior teatro da Terra Santa. Porém, esse algo místico foi abstraído logo em seguida.

A segunda vez aconteceu há poucos anos, no final de 1996, dentro das comemorações de centenário de morte de Antonio Carlos Gomes, no *Theatro Municipal do Rio de Janeiro*, antes da realização do grande concerto em homenagem ao compositor campineiro, regido pelo maestro Tibiriçá.

Minhas atuações naquele teatro foram bastante limitadas, não por problemas artísticos, mas por um tráfego de influências políticas que prefiro esquecer. Só posso comentar que esse bordão – eu, apesar das outras - tem muito a ver com a interferência negativa de pessoas que limitaram minha atuação artística dentro daquela maravilhosa casa de espetáculos.

Porém, apesar das outras, fui chamada pelo maestro Tibiriçá para essa realização no Rio, junto com meu grande companheiro, o cantor Paulo Fortes. Infelizmente, não quis o destino que ele pudesse me acompanhar nesse concerto, realizado no dia 23 de novembro de 1996. Eu soube, por amigos, que ele esteve no teatro assistindo essa companheira de *Il Guarany* e não conseguiu chegar ao setor dos cumprimentos, pelo acúmulo de público que ali estava. E por que a emoção?

Porque eu não esperava que o público do Rio guardasse em sua memória minha atuação num único *Rigoletto*, de Verdi, que cantei ao lado do grande barítono Lourival Braga, por imposição dele. Confesso que voltei ao Rio a convite do maestro Tibiriçá um pouco temerosa, por estar tantos anos afastada do público carioca.

E qual não foi minha surpresa quando pisei o palco do Municipal, para a minha apresentação de trechos do *Guarany*, e fui recebida recebida de pé, pelo público, debaixo de uma ovação delirante. Tomada de surpresa não tive como controlar minha emoção.

Ao sinal do maestro para iniciar meu canto, tive de pedir-lhe um minuto para me recompor.

Capítulo XI

Profissional diversificada

Gravações

Com minha longa experiência microfônica na Rádio Gazeta, recebi um convite para gravar um long-play, com músicas natalinas de diversos países: *Nasceu Jesus.*

A programação desse LP foi da *Sacr Disc*, que pertencia ao padre Casimiro Gomes de Abreu, e que pretendia apresentar uma série de gravações de música sacra com compositores, conjuntos orquestrais e cantores. O padre Casimiro reuniu, nesse LP, três artistas campineiros. O pianista e organista Orlando Fagnani, o pianista Antenor Morais Arruda Camargo e eu. A gravadora incumbida do trabalho foi a Cave, de propriedade de uma entidade evangélica.

O inesquecível Orlando Fagnani contribuiu neste LP, além da execução do órgão eletrônico, com uma suavíssima canção de sua autoria, evidenciando sua inspiração fácil e espontânea, que deu nome ao disco: *Nasceu Jesus.* Essa canção, além de dar nome ao LP, encabeçou uma seleção de nove composições natalinas, todas encadeadas por um feliz arranjo que Orlando Fagnani escreveu.

Órgão, piano e canto se entrelaçaram dando, como resultado, um belo trabalho natalino.

Além de *Nasceu Jesus* foram gravadas: *Os pastores e os anjos, N.N., Ninna Nanna*, de Zanella; *Noite Feliz*, de Grüber; *Que Infante é este*, N.N.; O Tannenbaum, N.N.; *White Christmas*, I. Berlin; *O Messias Prometido*, Otano e *Adeste Fidelis*, N.N. A edição se esgotou, porém a matriz passou por processo de remasterização, em 1996, sendo reeditada em CD.

Em 1958 foi-me oferecida, em São Paulo, uma oportunidade única no campo musical. Como resultado de vários anos de luta do maestro Armando Belardi junto a diversas empresas, ao mundo político e artístico, a gravadora Chantecler recebeu a incumbência de realizar a gravação integral da ópera *Il Guarany*, de Antonio Carlos Gomes.

Eu, apesar das outras, fui a escolhida para interpretar Ceci. Meus companheiros de elenco foram: Peri: Manrico Patassini; Gonzales: Paulo Fortes; D. Antônio de Mariz: José Perrotta; Il Cacico: Juan Carlos Ortiz; D. Álvaro: Paschoal; Raymundo Ruy Bento: Roque Lotil; Alonso: Waldomiro Furlan.

A regência da *Orquestra Sinfônica de São Paulo* esteve a cargo do maestro Armando Belardi, e a regência do coral de São Paulo esteve a cargo do maestro Oreste Sinatra.

A falta de recursos técnicos e de estúdios apropriados, além da precária aparelhagem com que se contava na época, arrastaram o trabalho por mais de um ano. A gravação foi realizada no *Teatro Municipal de São Paulo*, único espaço suficiente para conter orquestra, coro e solistas. O sistema acústico não era o mais adequado para uma gravação, porém resolvia parte do problema.

Os trabalhos eram realizados no período de meia-noite às cinco da madrugada, horário em que a cidade dormia e, portanto, seus ruídos normais não causavam interferência no registro.

As dificuldades humanas não demoraram a surgir: o sono, o cansaço, a fome, que o único bar aberto durante toda a noite, situado na Av. São João, a duas quadras, não conseguia matar. Às três horas da madrugada, horário de um intervalo de meia-hora, saíamos pelas calçadas vazias, no frio gelado de um mês de junho, com a garoa paulistana, em busca de café ou de um lanche no barzinho.

O tenor Manrico Patassini apanhou uma forte gripe e as gravações foram suspensas por quase dois meses, até sua recuperação total.

Nenhum de nós recebeu royalties, uma vez que fomos pagos com um cachê fixo de CR$ 40.000,00 (creio ser equivalente a R$ 2.000,00, hoje), o que não chegava a ser uma fortuna.

Lembro que comprei, com o dinheiro, um conjunto de sapato e bolsa na Casa Sloper, um berloque de ouro para minha pulseira e algumas partituras. Conversando com Paulo Fortes, ele me disse que pagou, com o cachê, a despesa de hospital de sua esposa, que fora acometida de pneumonia, tomou um suco de laranja e comprou alguma bobagem.

Apesar da parte financeira, a experiência foi

válida e o registro único no mundo, até 1994, compensou os esforços. Em 1994, nosso LP passou a competir com um CD gravado por Plácido Domingo.
Após 35 anos, nossa gravação foi remasterizada e passou para CD. Tive, então, a satisfação de receber críticas internacionais da França, Itália, EUA, elogiando a gravação brasileira e colocando-a em nível superior, se comparada com o CD feito na Alemanha. Um dos críticos, sem atentar para a data da gravação original, garantiu que a cantora que interpretava Ceci teria, sem nenhuma dúvida, um futuro brilhante!

Por ocasião do Sesquicentenário da Independência do Brasil participei da gravação de um LP intitulado *Sesquicentenário da Independência,* com músicas brasileiras e que foi gravado como parte das comemorações oficiais dessa data.
A seleção de músicas contou com a execução da *Orquestra Vicentina de Concertos* da Prefeitura Municipal de São Vicente, coral e solistas, sob a regência de maestro Souza Lima. A direção artística foi do maestro Léo Peracchi.

Quando das comemorações do sesquicentenário do nascimento de Carlos Gomes, a *Gravadora Unicamp* lançou uma coleção: *Canções de Carlos Gomes*, em dois volumes, que tive o prazer de interpretar acompanhada pelo pianista Achille Picchi, nós dois professores do Instituto de Artes da Universidade, que também nos incumbimos da pesquisa do material. O primeiro volume contém dez canções e o segundo, treze.

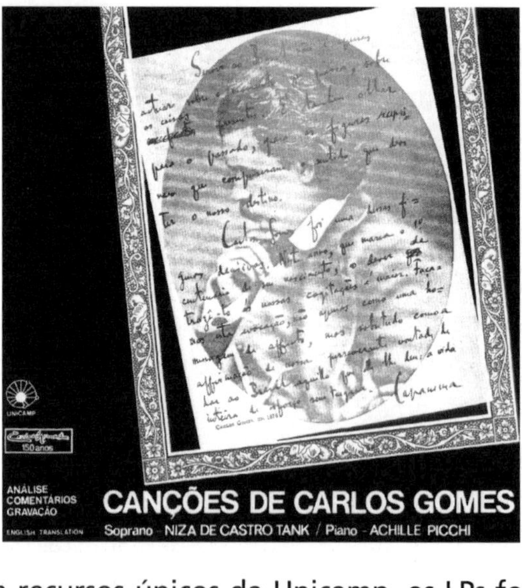

Com recursos únicos da Unicamp, os LPs foram feitos na própria Universidade, em apenas seis horas de gravação, em um estúdio portátil, alugado. Toda a arte gráfica também foi feita pelos professores de Artes da Unicamp, ficando somente a prensagem por conta da Polygram.

A esperança era de que a *Gravadora Unicamp* pudesse registrar as quase quarenta canções de Antonio Carlos Gomes, porém, isso não sucedeu. Ainda falta o registro da obra vocal de câmara completa de Carlos Gomes, executada nos registros vocais para os quais compositor escreveu as diversas peças.

Outra vez com a *Gravadora Unicamp*, participei da gravação de uma composição sobre os versos do Dr. José Aristodemo Pinotti, com a música magistral desse exímio compositor brasileiro, José Antônio Rezende de Almeida Prado, no disco *Espiral*. Essa gravação, tendo ao piano Almeida Prado, é realmente uma jóia da música contemporânea.

Alguns anos mais tarde, a meu pedido, Almeida Prado orquestrou seu Tríptico Celeste que contém: *1) O chamado da estrela Alfa de Centauro; 2) Lua impossível* e 3*) Bendito o Sol*, que consta do mesmo *Espiral*, somente com acompanhamento de piano. Esta orquestração permanece inédita.

Nas minhas andanças pelo mundo, encontrei diversas gravações minhas, pirateadas, naturalmente, de apresentações públicas, e comercializadas em casas especializadas de Londres (*Schiavo e Colombo*) e Paris (*A Noite do Castelo*).

Outros registros fonográficos de que tenho conhecimento devem-se a gravações ao vivo, feitas por aficcionados do gênero, como a *Lucia di Lammermoor*, *Sonnambula* e *Lakmé*, de propriedade de meu amigo e crítico lírico, João Câncio Póvoa. Em comemoração à passagem do centenário de falecimento de Antônio Carlos Gomes, o selo brasileiro *Master Class* lançou, em primeira gravação mundial em CD, a coleção completa de suas óperas. Coleção quase completa, pois não faz parte dela a ópera *Joanna de Flandres*. A coleção é composta por algumas gravações históricas feitas ao vivo, pertencentes ao acervo de vários colecionadores nacionais.

Essa série de gravações, além de perpetuar condignamente a memória musical do compositor brasileiro, privilegia toda uma estirpe de artistas brasileiros que protagonizaram seus diversos papéis em inesquecíveis noites nos teatros de São Paulo, Rio de Janeiro e Campinas. Essas gravações receberam um tratamento de remasterização digital, optando-se pela qualidade e pela preservação do som original da gravação ao vivo. Sem dúvida alguma, esse é um ambicioso trabalho de restauração, realizado por Dênis Wagner Molitsas, Evandro Pardini e Master Class, sobre a obra de um compositor operístico na América Latina. Com uma belíssima apresentação gráfica, os oito CDs apresentam um elenco diversificado, ressaltando nomes consagrados do cenário lírico brasileiro.

Nessa notável coleção, tomo parte em duas das óperas: *A Noite do Castelo*, realizada com a *Orquestra Sinfônica de Campinas, Coral da Unicamp* e *Coral da USP*, regência do maestro Benito Juarez, numa gravação realizada ao vivo no *Teatro do Centro de Convivência*, de Campinas, em 1978. A primeira gravação mundial em CD saiu em novembro de 1997.

A segunda participação é com a ópera *Odaléa*, que contou com coro e orquestra do *Teatro*

Municipal de São Paulo, sob a regência do maestro Armando Belardi. Gravação histórica realizada na *Sala Cidade de São Paulo*, em 1988. Espetáculo de despedida do maestro Armando Belardi, aos 92 anos, depois de uma vida dedicada à música de Carlos Gomes. Primeira gravação mundial em CD, em novembro de 1997.

Um parênteses para meus queridos maestros. Durante toda minha vida artística, trabalhei com inúmeros e ilustres maestros. Guardo deles grandes recordações. Sendo a figura máxima de todo espetáculo, são sempre encarados com respeito e admiração por parte do mundo musical; porém, sempre houve e haverá pequenos atritos com músicos, e especialmente com cantores. Na maioria das vezes os maestros são muito exigentes e os cantores nem sempre correspondem a esse atributo especial dos dirigentes de orquestra. Em meu início de carreira artística conheci excelentes cantores, vocalmente falando que, apesar de terem muita musicalidade, conheciam muito pouco de música. Eram os chamados "cantores de orelha": com um senso auditivo e musical bastante aguçado não sabiam, no entanto, ler uma parte musical. Então, como é natural, um ponto, uma pausa, uma quiáltera, um ornamento, que formam parte de requisitos técnicos e interpretativos, por desconhecimento musical, passavam despercebidos para os cantores, mas não para os maestros.

Havia também os "repetidores de discos", ou seja, aqueles que estudavam uma ópera completa, ouvindo gravações de seus cantores prediletos. Por possuírem uma sensibilidade auditiva aguçada, captavam das gravações também os possíveis deslizes dos grandes cantores. Ao se colocarem frente a um maestro, o inevitável acontecia: ensaios interrompidos, reprimendas frente à orquestra, protestos do cantor, perda de tempo, etc. Esses cantores reclamavam da intransigência dos maestros porém, a bem da verdade, a razão sempre foi deles, diretores de orquestra.

Eu, apesar das outras, embora não sendo um expoente em cultura musical, nunca entrei nessas armadilhas. Procurei sempre estudar muito, memorizar e manter um entendimento musical amigável com os maestros com os quais trabalhei. E foram muitos.

É evidente que encontrei maestros temperamentais, sarcásticos, detalhistas, prepotentes, políticos, arrojados, empreendedores, extravagantes, cênicos, exuberantes, elegantes, amáveis, delicados... Todos eles grandes músicos, talentosos e capacitados para segurar, em suas hábeis mãos, a batuta da regência.

Gostaria de falar de todos, porém posso, por um lapso de memória, deixar passar algum nome. Se isso acontecer peço desculpas antecipadas.

Do maestro Belardi já falei o suficiente.

Nem todos os maestros gostam ou têm tendência para a regência de ópera, pois é realmente complicado trabalhar com cantores líricos, resolvendo o dificílimo problema de reger coro, orquestra, solistas e estar atento a situações cênicas, pendentes de um regisseur e de um coreógrafo, quando dentro das óperas também atua um balé. Nem sempre o público se dá conta da infinidade de detalhes e da grande responsabilidade que carrega aquele senhor, que é visto apenas pelos seus movimentos de braços no fosso de uma orquestra. O reconhecimento, através de aplausos, a essa figura ímpar só chega ao final de uma ópera quando ele sobe ao palco , fora da cortina, para então sim, ser visto pela platéia e poder receber o justo aplauso de que é merecedor.

O temperamental maestro Tullio Collacioppo é profundo conhecedor do repertório lírico. Quando digo temperamental estou me referindo a seu temperamento exuberante como regente. Sempre tivemos muito bom relacionamento e eu o considero meu amigo, assim como sua esposa. Em uma das visitas que fiz à sua casa, ele me mostrou de que maneira estudava uma ópera e eu fiquei admirada ao ver as marcações em cores diferentes que ele fazia, para determinar cada um dos personagens. Assim sendo, em sua parte de piano e canto estavam grifados, por exemplo, o tenor em azul, o soprano em vermelho, o meio soprano em verde etc. Fiquei realmente impressionada com esse tipo de estudo desenvolvido pelo maestro Collacioppo, apesar de toda sua categoria, conhecimento e prática. Cheguei também a entender porque certos cantores, além de respeito, tinham um certo temor do maestro, em conseqüência de sua extrema exigência. De minha parte, sempre gostei de trabalhar com ele e sempre tivemos um entendimento musical bastante agradável.

Quase não me atrevo a falar sobre esse gigante da regência brasileira, maestro Eleazar de Carvalho. A ópera não foi sua predileção musical. No entanto, cantei sob sua batuta, várias vezes, interpretando Carlos Gomes. Não foram espetáculos cênicos, mas *Cortinas Líricas*. O lirismo do maestro Eleazar estava presente em sua elegante postura, em seu fraseado maleável, em sua absoluta precisão musical. Conversando com seu sobrinho, em Brasília, o também excelente maestro Emílio César de Carvalho, perguntei por que a família não compilava dados, a fim de editar uma biografia desse genial maestro brasileiro. Acredito que o público gostaria imensamente de conhecer, fora do pódio, essa figura humana extraordinária que foi Eleazar. Todos nós, artistas, que tivemos a satisfação de trabalhar com ele, teríamos, sem dúvida, muita coisa a relatar sobre sua regência, sua capacidade artística e sua figura humana.

De minha passagem pelo *Teatro Municipal de São Paulo*, guardo grandes recordações do irreverente maestro Diogo Pacheco, do detalhista maestro Roberto Schnorrenberg, do prepotente Edoardo De Guarnieri, da finésse de Souza Lima, do grande músico Simon Blech, do artista da batuta Isaac Karabtchevsky, do descontraído Carlos Eduardo Prates, do jovem, competente e amável maestro Roberto Tibiriçá, do elegante Eduardo Östergren.

Respondendo pela cadeira de regência no Departamento de Música da UNICAMP esteve, durante muitos anos, meu grande amigo, professor e maestro competente que, além de realizar seus concertos, ensina a difícil arte da regência aos nossos alunos. Estou falando do delicado, atencioso, perfumadíssimo Henrique Gregory Filho.

E há, é claro, o maestro Benito Juarez, regente por longo tempo, da *Orquestra Sinfônica Municipal de Campinas.*

Capítulo XII

Concertos

Além de minha atividade lírico-cênica, participei de inúmeros concertos em salas brasileiras, com a atuação de regentes nacionais e internacionais.

Em 1971, recebi o honroso convite para inaugurar a *Sala de Óperas e Concertos*, no *Palácio das Artes* em Belo Horizonte. O Palácio foi inaugurado com um espetáculo de alta gala, apresentando, de Verdi, *La Traviatta*, sob a regência do maestro Carlos Eduardo Prates.

Da série de concertos de que participei, vou citar aqueles que julgo mais importantes, musicalmente:

A realização em Campinas do *Salmo Sinfônico O Rei David*, de Honegger, com a *Orquestra Sinfônica Municipal de Campinas*, sob a regência do maestro Benito Juarez, tendo como solistas Helly-Anne Caram e Luiz Tenáglia e contando com os atores David José, que fez o Narrador, e Irene Ravache, no papel da Feiticeira de Endor.

Participaram dessa montagem três corais: *Coralusp, Coral da Unicamp* e *Cuca*. Esse espetáculo foi apresentado três vezes em Campinas, em dezembro de 1977.

Também com a *Orquestra Sinfônica Municipal de Campinas*, participei de várias realizações da *Carmina Burana*, de Carl Orff; da *Nona Sinfonia* de Beethoven; do *Messias*, de Handel; da *Missa em Si Menor*, de Bach, e da primeira audição, no Brasil, do *Concerto para Soprano e Grande Orquestra* de Glière.

Esse mesmo concerto de Glière foi apresentado em Campos do Jordão, em um de seus *Festivais de Inverno*, e também no *Palácio das Artes* em Belo Horizonte, contando com a regência do internacional maestro Erol Erding.

Foram inúmeras as apresentações de *Carmina Burana*, de Carl Orff. Além das de Campinas, com o maestro Benito Juarez, participei também de várias outras, no *Teatro Municipal de São Paulo*, sendo uma delas sob regência do maestro Tullio Collacioppo e, em maio de 1973, com o internacional maestro Roger Wagner.

Carmina Burana - Soiré de Gala - Rádio Gazeta de São Paulo, 21 julho 1957 - Niza de Castro, Leila Farah e Rio Novello, regência Armando Belardi)

O mesmo se deu com os grandiosos espetáculos da *Nona Sinfonia*, realizados sob a regência dos maestros Benito Juarez e Isaac Karabtchevsky, dentro do *Projeto Aquarius*, e do maestro Eleazar de Carvalho.

Comemorando o centenário de nascimento do compositor Ravel, participei de um belíssimo concerto no *Teatro Municipal do Rio de Janeiro*, com a *Orquestra Sinfônica Brasileira* sob a regência do maestro Isaac Karabtchevsky, apresentando *L'Enfant Et Les Sortilèges*, onde interpretei: Le Feu (O fogo); La Princèse (A princesa) e Le Rossignol (O rouxinol). Esse mesmo espetáculo, em uma outra ocasião, foi apresentado no *Teatro Municipal de São Paulo*, com a regência do maestro internacional Gerard Devos.

Tive a satisfação de apresentar por duas vezes a obra do compositor e regente Aylton Escobar, *Libera me domine*. Peça dificílima, realizada em Campinas com o maestro Benito Juarez e em São Paulo com o maestro Isaac Karabtchevsky.

Em 1977, ano dedicado ao sesquicentenário da morte de Beethoven, o maestro Eleazar de Carvalho regeu a execução integral do oratório *Cristo no Monte das Oliveiras*.

Um espetáculo belíssimo, que contou com a participação de meus saudosos amigos, tenor Aldo Baldin e baixo Zwinglio Faustini, além da participação da *Associação Coral da Juventude de São Paulo*, tendo como seu maestro preparador Flavio Araújo Garcia.

O poema vocal-sinfônico *Colombo*, de Antônio Carlos Gomes, quando em concerto, recebeu um tratamento diversificado, de diversos maestros brasileiros: Benito Juarez, Alceo Bocchino, Osvaldo Colarusso, Eleazar de Carvalho.

Em 1996, nas comemorações do centenário de morte de Antônio Carlos Gomes, o maestro Eleazar de Carvalho organizou uma temporada apresentando as óperas do compositor em forma de concerto. Infelizmente, uma delas, *Joanna de Flandres*, não pode ser apresentada, por falta do material orquestral e por impossibilidade de se obter do maestro Luiz Aguiar a redução para piano e canto.

Em 2002, finalmente, num esforço de pesquisa e recuperação de Fábio Oliveira e Achille Picchi, *Joana de Flandres* pode ser editada na íntegra, como parte do projeto *Memória da Ópera Brasileira*, financiado pela Unisys. O mesmo Fábio Oliveira regeu um Concerto Amostragem da ópera, do qual tive a honra de participar.

A primeira ópera escrita por ele, *A Noite do Castelo*, por não contar com o material orquestral, foi exibida em forma de concerto, no *Memorial da América Latina*, acompanhada por dois pianos, tendo na regência o pianista, compositor e maestro Achille Picchi. Aliás, com esse exímio pianista, tive a oportunidade, nesse mesmo ano de 1996, de realizar os *Concertos Carlos Gomes* em quase todos os estados brasileiros, mostrando canções, trechos de ópera e a obra pianística do compositor.

No *Teatro Nacional Cláudio Santoro*, de Brasília, além de temporadas de ópera, participei de vários concertos Rossini-Verdi, com o barítono Francisco Frias e a *Orquestra do Teatro Nacional*, sob regência do maestro Sílvio Barbato.

Com esse competente maestro, tive a satisfação de realizar um concerto na belíssima *Sala São Paulo*, dentro das comemorações de inauguração desse espaço cultural que encanta o público paulistano. No programa *Três Sopanos em Concerto* tive como companheiras as cantoras Cláudia Riccitelli e Celine Imbert. Este mesmo programa repetiu-se em Londrina, no dia 24 de setembro de 1999.

Três Sopranos em Concerto, na Sala São Paulo (da esq. Celine Imbert, Niza de Castro e Cláudia Riccitelli)

Na comemoração do centenário de Gershwin, a *Orquestra Filarmônica de Brasília* apresentou uma seleção da ópera *Porgy and Bess*, sob regência do maestro Joaquim França.

Jamais esquecerei do grandioso e belíssimo espetáculo realizado no *Teatro Nacional Cláudio Santoro* de Brasília, *Elias* de Mendelssohn, que contou com a orquestra do *Teatro Nacional*, solistas e um coral comunitário, com 400 vozes, dirigidos pelo maestro David Junker.

Também de Mendelssohn, o maestro Eduardo Östergren apresentou, em Ribeirão Preto, o

oratório *Lauda Sion*, com orquestra, coro, soprano solista, contando com a participação da concertista Helena Jank.

Ainda com o maestro Eduardo Östergren, a Unicamp realizou com sua orquestra, solistas do Departamento de Música e um coral formado pelo maestro Carlos Fiorini, de Mozart, o grandioso *Requiem*. Esse concerto foi apresentado oito vezes, não só em Campinas, mas em cidades vizinhas.

Em setembro de 1999, no *Teatro Nacional* de Brasília, houve um concerto comemorativo do

7 de setembro, com a *Orquestra do Teatro Nacional*, sob a regência do maestro Silvio Barbato, com obras de Villa-Lobos. Destaque especial para *Bachianas Brasileiras no 5* — comigo e oito violoncelos. O concerto foi encerrado com a *Invocação em Defesa da Pátria* de Villa-Lobos, com orquestra e coro.

Devido ao sucesso dessa obra, fui convidada para retornar a Brasília para uma apresentação grandiosa, que reuniu 12.000 pessoas na Esplanada dos Ministérios. Belíssimo espetáculo que encerrou a *Semana da Pátria* em 12 de setembro.

Aqui quero abrir um parênteses para dizer de minha gratidão à minha amiga Asta Rose Alcaide. Mulher dinâmica, ativa, sempre lutando no campo da cultura, especialmente pela música e pela ópera. Pena que eu possa desfrutar tão pouco de sua companhia. Porém, cada vez que vou a Brasília, lá está minha amiga, para uma conversa durante um almoço ou jantar. Foi por obra dela que pude estar presente a esses últimos eventos. Em setembro de 2000, participei do programa *Brasil: 500 anos de Música e História*, ao lado de Rosana Lamosa, Regina

Elena Mesquita, Fernando Portari, Sandro Christopher e Achille Picchi.

As vozes de Brasil: 500 anos de Música e História

Capítulo XIII

Outras Atividades

Delegacia Regional de Cultura de Campinas

No período entre 1974 e 1981, estive à frente da *Delegacia Regional de Cultura de Campinas*, da *Secretaria da Cultura do Estado de São Paulo*. O cargo era político, embora eu nunca o tenha sido, e permitiu-me trabalhar, durante oito anos, diretamente com a cultura na 5ª Região Administrativa do Estado.

Uma das primeiras lutas foi pela instalação da Delegacia no prédio da antiga *Companhia Mogiana*, onde funcionou até 1995, tirando-a da acanhada sala provisória onde ficava, no *Teatro Castro Mendes*. Consegui, juntamente com os funcionários de que dispunha, reorganizar a *Semana Euclidiana*, de São José do Rio Pardo, reforçando financeiramente a *Casa Euclidiana* através de verbas governamentais. A *Semana* ganhou caráter didático e artístico, sem perder o colorido folclórico próprio da região.

Foram incentivados concursos literários sobre o autor de *Os Sertões*, com a distribuição de prêmios em dinheiro, medalhas e diplomas aos jovens estudantes que se empenhavam numa verdadeira maratona cultural que envolvia toda a cidade. Palestras, recitais artísticos e disputas culturais completavam os eventos da Semana. Em Campinas, a *Semana Carlos Gomes*, apoiada pelas verbas estaduais, passou a revestir-se de gala para homenagear o gênio das Américas. Nos diversos anos desfilaram, reunidos no ideal de promover a música de Carlos Gomes, orquestras, cantores, músicos, óperas, escolas, numa cidade onde até os estabelecimentos comerciais participavam, através da ornamentação de suas vitrines. Dentro dessas comemorações passaram por Campinas a *Orquestra Sinfônica Estadual*, sob a regência do maestro Eleazar de Carvalho, a *Orquestra Sinfônica Brasileira*, sob a direção do maestro Isaac Karabitchevsky, a *Orquestra de Câmara da USP*, dirigida por Camargo Guarnieri, a *Orquestra Sinfônica Municipal de São Paulo*, regida pelo maestro Armando Belardi, a *Orquestra Sinfônica de Porto Alegre*, com o maestro

Komlos, a *Orquestra Sinfônica Municipal de São Paulo* com Simon Blecht e a *Banda Sinfônica da Polícia Militar de São Paulo*, com o maestro Rubens Leonello. O encerramento, a cada ano, se fazia com a *Orquestra Sinfônica Municipal de Campinas*, tendo à frente o maestro Benito Juarez. Incontáveis os renomados cantores líricos que, de São Paulo, Rio de Janeiro e Campinas, abrilhantavam as *Semanas* interpretando a obra vocal de Carlos Gomes.

Um destaque especial deve ser feito à montagem da ópera *A Noite do Castelo*, apresentada pela segunda vez, cem anos depois de sua estréia no Rio de Janeiro, em 1872. Outro evento relevante foi a encenação do *Poema Vocal-Sinfônico Colombo*. Essas duas montagens já foram citadas por mim. Profundo significado adquiriu a reconstituição da *Missa de Nossa Senhora da Conceição*, com coral, solistas e orquestra, realizada na *Catedral Metropolitana de Campinas*, sob a regência de Armando Belardi.

A Delegacia promovia, ainda, diversos eventos produzidos para datas especiais, com a participação dos valores locais. O mês do folclore resgatava os grupos originais da cultura popular nas diversas cidades; o Natal promovia espetáculos teatrais e concertos musicais pelas praças centrais e da periferia da cidade, sempre repletas de público.

Deixei para o final destas memórias da Delegacia um cantinho especial para o trabalho de colaboração, amizade e idealismo de Sara Lopes. Ela não somente secretariou a Delegacia, como também foi a incentivadora, colaboradora e realizadora de importantes ações culturais dessa instituição.

Sempre a meu lado, além de me acompanhar nos diversos eventos da 5a Região Administrativa, ela também participava como artista. Assim sendo, sua atuação foi realmente relevante nas apresentações cênicas do *Natal na Praça*, do *Boi e o Burro no Caminho de Belém*, da *Via Sacra* ou como cantora no *Madrigal Decassom* e coralista nas *Cortinas Líricas*.

Nunca me esquecerei das apresentações da ópera *A Noite do Castelo*. Como a verba da Secretaria de Cultura chegou quase no dia do espetáculo, o pagamento do cachê dos artistas foi efetuado antes e durante os intervalos da ópera. Montamos mesa ao lado do palco e, vestidas e maquiadas, eu de Leonor e Sara de Dama ou Povo, assinamos cheques e passamos os recibos dos pagamentos. A prestação de contas da verba do governo não podia esperar.

Quase o mesmo trabalho era feito, anualmente, durante as realizações da *Semana Euclidiana* em São José do Rio Pardo, com a diferença de que, lá, não tínhamos atuações artísticas. As administrativas, porém, tinham muita urgência e o assunto prestação de contas deixava pouco tempo. Nossas idas e vindas de São José do Rio Pardo sempre renderam situações cômicas.

Numa delas, eu dirigia um Opala com problemas no limpador de pára-brisas. Mais ou menos à altura da metade do caminho começou a chover, e o limpador não funcionava. Parei no acostamento da estrada, aguardando que a chuva melhorasse; porém, nossa pressa em chegar ao destino fez com que eu descesse do carro e desse um murro no capô. Imediatamente o limpador de pára-brisas começou a funcionar.

Aplaudimos e continuamos a viagem. Mais alguns quilômetros e outra pane no limpador de pára-brisas. Aí Sara me disse: *"É a minha vez, se funcionou da primeira vai funcionar agora."* E assim foi. Tirou o sapato e, com o salto, deu uma pancada no capô. Maravilha! Pudemos continuar. Daí para diante nos revezamos nas sapatadas, e pudemos chegar ao nosso destino a tempo de assistir à missa que dava início aos festejos da *Semana Euclidiana*.

Em outra ocasião, como gosto muito de pássaros e bichos, resolvi comprar, ao final da *Semana*, um pássaro preto que eu batizei de *Otelo*, um papagaio chamado *Loreco* e uma tartaruga que, em homenagem a Euclydes da Cunha, ficou se chamando *Cride*.

Com essa fauna colocada no banco traseiro do Opala, cercada de samambaias, iniciamos nossa viagem de volta para Campinas.

Ao passar por um campo com plantação de cebolas, observamos que a oferta era equivalente a R$ 5,00 por um saco de 60 Kg. Compramos e colocamos no porta-malas. Chegamos em Campinas meio asfixiadas pelo cheiro das cebolas, e pelo cheiro do produto resultante do mal-estar do Cride. Hoje, passados 20 anos, não tenho mais o *Loreco*, o *Cride* fugiu, e o valoroso *Otelo*, que alegrava as minhas manhãs, se foi.

A agora Profª. Dra. Sara Pereira Lopes, Professora do Departamento de Artes Cênicas, e que já foi Diretora Associada do Instituto de Artes, ainda lembra com saudade do nosso trabalho junto à Delegacia Regional de Cultura de Campinas. Nossa grande amizade e nosso idealismo continuam intactos.

Questões políticas transferiram a Delegacia para outras mãos, mas a Secretaria da Cultura, em respeito ao trabalho que fora desenvolvido, ofereceu-me a direção do *Museu Campos Salles*, onde permaneci durante dois anos, até a decisão de voltar ao meu trabalho musical, assumido na *Unicamp*.

Mestres Cantores, Madrigal Decasom, Arscamp, Scala, Academia Campineira de Letras e Artes.

Estreitamente ligada à minha atividade como cantora, mantive sempre um trabalho, não profissional, dedicado ao canto em conjunto, um dos grandes prazeres que cultivo em relação à música. Dentre todos os conjuntos de que participei e orientei artisticamente, três guardam um sabor todo especial: o *Mestres Cantores*, o Madrigal Decasom e o *Madrigal Arscamp*. O *Mestres Cantores* era formado de consagrados profissionais do lírico.

Foi por acaso que, um dia, em uma das salas da Secretaria Estadual de Cultura em São Paulo, encontrei meu amigo Zwinglio Faustini. Falamos de diversos assuntos ligados à música e, de repente, concordamos com um ponto: faltava, no

país, um pequeno conjunto, de alta categoria, que realizasse com técnica, arte e bom-gosto, um repertório camerístico e lírico. Foi o suficiente para surgir a idéia de um quinteto para a realização desse repertório. Convidamos, então, o meio soprano Lenice Prioli, o soprano Martha Herr e o tenor Wilson Marques. Nossos companheiros aplaudiram a idéia e começamos o trabalho. O quinteto realmente resultou de alta categoria, e tivemos a oportunidade de realizar uma série de concertos, destacando nossa atuação em um dos *Festivais de Música de Campos do Jordão*, em concertos no Teatro Municipal de São Paulo, Curitiba, Florianópolis e outras capitais, e salas importantes do Estado de São Paulo.

Além de formarmos um conjunto harmonioso, formamos também um conjunto de sólida amizade, quase uma família.

Com a ida de Zwinglio Faustini para Brasília e de Martha Herr para os Estados Unidos, eu e Wilson Marques, em Campinas, não pudemos continuar com o trabalho.

Continuamos sempre amigos e, em 1999, recebemos dolorosamente a ida de nosso companheiro Zwinglio Faustini para o Reino do Senhor.

O *Madrigal Decassom* mantém-se em atividade há mais de 25 anos. Foi onde dei início a uma postura diferenciada no canto conjunto, eliminando a figura do regente, num grupo que se apresenta cantando de cor e com movimentação cênica. Em sua formação mais recente, conta apenas com elementos femininos.

Minha paixão pelo canto em conjunto levou-me à formação desse Madrigal, chamado *Decasom*, por ser constituído em seu começo por dez vozes, sendo três sopranos, três contraltos, dois tenores e dois baixos.

De sua formação primitiva o *Madrigal* já passou por diversas modificações. Hoje, como já disse, é formado apenas com elementos femininos. Desenvolve um repertório variado enfocando os Madrigais propriamente ditos, a música erudita brasileira, os pequenos conjuntos de câmara e ultimamente o repertório para casamentos. Formado por jovens e jovens senhoras da terceira idade, esse Madrigal se reúne todas as quartas-feiras em minha casa e é sempre um motivo de festa: ensaiamos das 20h às 21h30 e, em seguida, na copa, nos divertimos até às 22h30. Organizei também o Madrigal Arscamp que reuniu professores e alunos da Unicamp.

Sociedades e Associações

Como artista, nunca me furtei a participar de movimentos culturais que mantivessem um cunho de seriedade e real preocupação com a qualidade de suas promoções. Foi assim que me envolvi com a *Scala - Sociedade Campineira Lírico Artística*.

Constituída no âmbito do *Círculo Militar de Campinas*, através do Cel. Rodolpho Pettená, Presidente do *Círculo Militar* à época, a *Scala* provou que um clube social tem, quando quer, a possibilidade de trabalhar pela cultura. Um elenco de cantores líricos, apoiado por grandes regentes e orquestras, encarregou-se de cortinas líricas como *Lucia di Lammermoor* e *Colombo*. Orquestras realizaram concertos e conferencistas divulgaram a música em valiosas promoções culturais.

Foi por essa época que conheci Samuel Lisman, filósofo, escritor e poeta que viria a tornar-se meu marido. Juntos, passamos a promover e divulgar o trabalho cultural da *Scala*. Através dessa Sociedade, em 1974, Samuel editou, pelo jornal *Diário do Povo*, um suplemento especial, totalmente dedicado a Carlos Gomes.

Em 1982, meu marido, já então presidente da *Academia Campineira de Letras e Artes*, criou, contando comigo e com um grupo de interessados da cidade, uma sociedade cultural que denominamos *Soarte - Sociedade Amigos das Artes*. Foi através dela que nasceu, em Campinas, o projeto *Ópera Studio*, e que a cidade recebeu exposições de arte como a do pintor Milan Horvat e espetáculos como o do *Balet Folclórico da Espanha*.

Integro, desde sua fundação, o quadro da *Academia Campineira de Letras e Artes* como acadêmica e diretora artística. Nos ciclos de palestras promovidos pela entidade tenho tido oportunidade de expor alguns depoimentos elaborados a partir de minha experiência prática no campo da música e de minhas pesquisas.

Juntamente com meu marido, ocupei a Direção Cultural do *Círculo Militar de Campinas*. Nossa gestão promoveu espetáculos artísticos dirigidos a associados ou não associados do Clube, através de espetáculos teatrais, palestras, recitais, para os quais foi fundamental a participação de elementos da Unicamp, como o Professor Doutor Etienne Samain, o violista Professor Natan Schwartzman e o *Madrigal Arscamp*.

Em 1993, comecei a perceber a lacuna existente na terra de Carlos Gomes que não tinha uma *Academia de Música*.

O plantel de grandes músicos existentes em Campinas, fez com que meu ideal se realizasse e foi assim que surgiu a *ACAMÚ - Academia Campineira de Música*, que tem como patrono Antônio Carlos Gomes.

Atividades Pedagógico-Didáticas

Minha vida escolar começou muito cedo: aos 6 anos e meio eu já estava matriculada no Curso Primário. Embora não fosse uma grande estudante, consegui vencer todas as etapas da minha vida estudantil, sem repetição de ano.

Assim sendo, terminei meu Segundo Ciclo faltando alguns meses para completar 18 anos. O Curso de Canto Orfeônico, que terminei em 1950, davam direito a ministrar aulas junto aos

Cursos Ginasiais. Dessa forma, lecionei música nos colégios *Sagrado Coração de Jesus, Escola Campineira* e *Sesi de Campinas* e também no *Ginásio Estadual de Itatiba*.

Minha experiência, com classes coletivas, foi bastante válida. Muito jovem, ainda, com apenas 19 anos, encontrei em Itatiba uma classe noturna cujos alunos eram, quase todos, mais velhos do que eu. Em meu trabalho porém, sempre contei com o respeito e a admiração de todos.

Em 1953, formada em piano e canto, dei início àquela que costumo chamar de minha verdadeira missão: Professora de Canto. Ensinei particularmente e nos conservatórios *Carlos Gomes* e *Gomes Cardin*, de Campinas. Esta atividade foi desenvolvida até o final de 1954, quando ingressei na *Rádio Gazeta,* dando início à minha carreira artística. Seguiu-se então um período de aproximadamente seis anos, em que deixei de dar aulas.

Em 1964, recebi um convite da *Escola de Música de Piracicaba*, para a cadeira de Canto e aceitei. Foram quase dez anos, dos quais guardo gratas recordações e uma profunda impressão da seriedade, conhecimento e disciplina que sempre regeram essa escola. A atuação pedagógica e as realizações culturais e artísticas dessa casa de ensino são de alto nível até os dias de hoje.

Em nossas classes, na *Unicamp*, não é preciso muito esforço para reconhecer os alunos que nos chegam dessa magnífica escola de Piracicaba.

Consegui formar um núcleo de cantores líricos e, sobretudo, consegui formar laços profundos de amizade, que conservo até hoje. Entre eles estão os dinâmicos diretores dessa escola Maria Aparecida e Ernst Mahle.

Nos meus dez anos de trabalho, em Piracicaba, fui acolhida pela família do Dr. Walter Acorsi, com muito carinho, em sua casa.

Durante dois anos trabalhei, também, no *Colégio Santo André* de São José do Rio Preto, atendendo cerca de quinze alunos de canto por semana.

Também pelo espaço de dois anos, voltei para minha terra natal, Limeira e, no *Conservatório São José*, realizei um longo atendimento na área do canto.

Festivais de Música

Entre 1984 e 1987, com a colaboração de Sara Lopes, trabalhei nos *Festivais de Música de Londrina.*

Três óperas completas foram montadas: *A Flauta Mágica* e *O Empresário* de Mozart, em 1985 e 1986, e a *Cavalleria Rusticana* de Mascagni em 1987, espetáculos que foram repetidos no *Teatro Guaíra* de Curitiba; houve também um concerto Carlos Gomes, em 1986, trabalhado cenicamente. De 1986 até 1998, além de voltar a Londrina algumas vezes, continuei trabalhando em diversos Festivais de Música. Considero gratificantes as atividades junto a esses Festivais no país.

Participei e participo de vários deles, sempre ministrando aulas de *Técnica Vocal e Canto*, sobretudo *Canto Lírico*, tendo sempre a oportunidade de realizar pequenas montagens de espetáculos, que agradam os alunos pela oportunidade de exercitar a prática do palco.

Para mim, o objetivo maior dos festivais, além de reunir e incentivar a juventude, despertando o gosto pela música, é o de descobrir novos talentos e impulsioná-los para o mundo profissional da música. Consegui, nestes anos todos, descobrir vocações para o canto que resultaram em profissionais valiosos, que hoje trabalham nos teatros do país.

Destaco os sopranos Solange Siqüerolli e Débora de Oliveira, que saíram dos *Festivais de Londrina*. Nenhuma das duas sabia que tinham vocação para a cena lírica, pois a primeira cantava música popular e a segunda atuava em coro religioso. Solange se revelou uma cantora excelente, soprano ligeiro, com voz cristalina e sonora, atingindo com extrema facilidade as alturas do seu registro. Atualmente atua em óperas e concertos, no *Teatro Municipal de São Paulo*. Débora, soprano dramático, após alguns anos de estudo, estreou no *Teatro Guaíra*, de Curitiba, cantando o papel-título da ópera *Tosca* de Puccini. Atualmente, além de sua participação em óperas e concertos, atende a convites para cantar em salas dos Estados Unidos.

Lenine dos Santos também trabalhou comigo em Londrina e, após aperfeiçoar sua técnica de tenor lírico, estreou no *Teatro Municipal de São Paulo*, no papel de Arlequim, no *Pagliacci*. Hoje, depois da realização de um CD com músicas brasileiras, ele é figura constante em recitais nas salas brasileiras. Cantou com êxito o papel-título da ópera moderna *Monteiro Lobato*, de Tim Rescala, que ressalta a figura desse grande brasileiro.

Outro resultado de Festival, também em Londrina, foi o tenor Ricardo Pereira, hoje com bolsa de estudos na Inglaterra. Chegou a cantar comigo o papel principal da ópera de Carlos Gomes A *Noite do Castelo*, no *Memorial da América Latina* em São Paulo.

Também Kátia Guedes, soprano ligeiro, que atua na Alemanha há vários anos.

Foram oito festivais em Londrina, Curitiba, São João Del Rei, cinco em Brasília; três em Campos de Jordão e dois em Águas de São Pedro.

O Festival de Águas de São Pedro é único no país, pois é dedicado única e exclusivamente ao canto. Já em sua 5a edição, começa a garantir espaço, com força e repercussão no país.

Das muitas vezes em que trabalhei em Campos

do Jordão, só atuei como professora em três Festivais. Enquanto ocupava o cargo de Delegada de Cultura, em Campinas, era requisitada, pela *Secretaria de Estado da Cultura*, para ajudar na organização e no atendimento aos alunos, que, naquela época ficavam alojados em um "preventório". Tratava-se de um casarão que, durante o ano, abrigava crianças, filhos ou órfãos de pais tuberculosos: crianças sadias, pobres e carentes. Por ocasião do Festival, essas crianças eram transferidas para uma casa menor, perto do preventório. De vez em quando, durante o Festival, que naquela época durava um mês, as crianças vinham visitar os alunos e eram recebidas com muito carinho e deliciosos pacotinhos de bolachas, bombons e balas.

Guardo gratas recordações dessa época em que, apesar de um trabalho estafante na organização e disciplina dos alunos, descobria, através da força mágica do maestro Eleazar de Carvalho, músicos talentosos, que hoje atuam nas principais orquestras do país.

Eu cuidava de todo o atendimento aos alunos, desde a parte disciplinar, horários, freqüência às aulas e ensaios, até alimentação, higiene, dormitórios, etc. Foi assim que, em um dos festivais, recebemos um grupo orquestral vindo do Ceará, formado por alunos carentes que faziam parte de um projeto do SESI. A pequena orquestra recebeu instruções a respeito do clima, ou seja, inverno com graus negativos; porém nossos irmãos nordestinos não faziam cálculo do que seria isso. Esperávamos pela chegada da pequena orquestra mais ou menos às 16h30 de uma tarde gelada. O ônibus que trazia os músicos mirins estacionou no pátio em frente ao preventório, a uma distância de mais ou menos 50 metros. Eu e mais duas funcionárias da Secretaria, esperávamos bem abrigadas no saguão do preventório e vimos, apavoradas, que os meninos desciam do ônibus vestidos com camisas de malha, meia manga e as meninas com blusas de renda nordestina; nos pés, sandálias havaianas. Estavam todos, literalmente, roxos de frio . Já passava das 5 horas quando recolhemos as crianças no saguão aquecido e, enquanto as funcionárias preenchiam as fichas de cada um, eu corri às Casas Pernambucanas para comprar meias de lã e 50 cobertores – daqueles "Tomara que Amanheça" ou "Jesus está chamando". Trouxe os cobertores e ensinei os meninos a fazerem um buraco no centro, transformando-os em ponchos. O maestro Eleazar regeu, durante todo o festival, uma orquestra vestida de uma forma que ele jamais imaginaria. Outro problema sério que tivemos com alguns deles, foi o fato de se negarem a tomar banho com aquele frio. Foi uma experiência diferente, porém musicalmente gratificante.

Unicamp

A maior possibilidade de realização pedagógica, didática e artística, em minha carreira como mestra de Canto, foi encontrada, sem dúvida nenhuma, em minhas atividades junto ao Departamento de Música da *Unicamp*.
Em 1983 eu trabalhava em Brasília com a *UNB - Universidade Nacional de Brasília*. Fui até lá a convite, para conhecer a nova linguagem cênica do *Ópera Studio*. Essa forma de encenação veio para o Brasil através do casal Huismann, que

trabalhava na Bélgica com essa modalidade de execução lírica para alunos adiantados. Recebe-ram, do grande Béjar, as instruções básicas e desenvolveram, pelo *Theatre La Monnaie*, o aperfeiçoamento da forma.

Enquanto eu aprendia e me interessava cada vez mais pelo assunto, surgiu a oportunidade de, talvez, ingressar no quadro docente da UNB. Porém, a distância, os problemas complicados de moradia em Brasília, esfriaram meu ânimo e felizmente recebi, de Campinas, o convite para integrar o elenco artístico do corpo docente do Departamento de Música do Instituto de Artes da *Unicamp*.

O convite me foi feito pelo então Chefe do Departamento de Música, maestro Benito Juarez, e reforçado por "meu padrinho", Dr. Ubiratan D'Ambrósio. Como recusar um sonho?

A remota possibilidade de ingressar na *Unicamp*, chegou para mim como um presente dos céus. Eu, apesar das outras tantas que sonharam, quiseram e batalharam por esse maravilhoso espaço , recebi essa dádiva.

Sou grata, até hoje, ao maestro Juarez que, dessa forma, realizou a complementação de minha formação artística, através da atividade pedagógica em nível universitário.

Meu primeiro encontro com o corpo docente deixou-me impressionada, lisonjeada, apreensiva e orgulhosa. Eu estava cercada pelos grandes mestres da música e me sentia pequena frente a Almeida Prado, Fernando Lopes, Natan Schwartzmann, Helena Yank, Raul do Valle, Alexandre Paschoal, Moacir Del Picchia e Benito Juarez.

Mais alguns anos e juntaram-se a nós: Antônio Lauro Del Claro, Helena Starzinsky, Mauricy Martin, Eduardo Östergren, Henrique Gregori Neto, Rafael dos Santos, Claudiney Carrasco, Cyrio Pereira, Eduardo Andrade, Fúlvia Escobar, José Mannis, José Roberto Zan, Luis Henrique Xavier, Maria Lucia Paschoal, Paulo Pugliesi, Ricardo Goldemberg, Roberto Cesar Pires, Sávio Araújo, Ulisses Rocha, Paulo Justi, Aci Meyer, Adriana Giarola Kayama, Carlos Fiorini e Carlos Carvalho.

Foi emocionante, para mim, cruzar meu caminho com dois professores que conheci na minha adolescência e na minha juventude. O primeiro, Raul do Valle, o "Raulzinho", pianista mirim, talentosíssimo, que estudava em Limeira com minha mestra, Irmã Gertrudes, no *Colégio São José*, feito Prof. Dr. Raul do Valle, mestre de composição, especializado em música eletroacústica.

O outro, professor e artista famoso, era Natan Schwartzmann, violinista consagrado que trabalhou comigo na *Rádio Gazeta* de São Paulo. Após caminhadas pelo mundo, em concertos, tanto ele como eu, nos encontramos labutando com alunos em nossa *Unicamp*.

Minha primeira aula teve três hora de duração: *Técnica Vocal para Classe Coletiva*. Meu conhecimento da matéria fez com que eu me sentisse tranqüila, embora nunca houvesse dado uma aula coletiva com essa duração. Com o passar do tempo verifiquei que essas três horas eram quase insuficientes para o desenrolar da matéria. O contato com os alunos estendeu-se dos horários e salas de aula aos projetos de pesquisa, numa convivência e troca de experiências que constituem o verdadeiro sentido de ensinar.

Formar e orientar os jovens de hoje para um trabalho musical e artístico, profissional, é um desafio compensado pelo amadurecimento que aparece no respeito com que os alunos encaram o nosso e o seu próprio trabalho.

A seriedade com que vejo assumirem seus postos à frente de corais, de orquestras, elaborando arranjos, integrando conjuntos musicais, destacando-se como solistas, transmitindo o que aprenderam em cursos que ministram, é a compensação mais gratificante que recebo pelo meu próprio trabalho.

Assim sendo, cito meus brilhantes alunos que atuam no mundo profissional, já doutorados: Profa. Dra. Adriana Giarola Kayama, responsável pela cadeira de Canto e orientadora na Pós-Graduação da Unicamp; Profª. Dra. Márcia Guimarães, professora da cadeira de Canto da Unesp; Profª. Dra. Júlia Braum, possuidora de um brilhante doutorado, realizado nos Estados Unidos, em órgão; Profª. Dra. Sara Pereira Lopes, defensora de tese sobre Voz, professora do Departamento de Artes Cênicas; Prof. Dr. Thorot de Souza, atualmente trabalhando junto ao

Mackenzie, em São Paulo, no Departamento de Física, e que se divide entre físico e cantor; Dra. Vera Lúcia Pessagno Bréscia, cantora, advogada, psicóloga, Delegada Regional de Cultura de Campinas; Dra. Sônia Falci Dechen, excelente cantora e engenheira agrícola.

Com o título de Mestre: Vânia Pajares, professora de Técnica Vocal e Canto, exímia pianista, exercendo sua profissão no *Teatro Municipal de São Paulo* e no Departamento de Artes Cênicas da Unicamp; Susana Ferrari que, inspirada pelo grande mestre do piano Fritz Yank, defendeu sua dissertação sobre a *Co-repetição*; Elisabeth Ratzersdorf, que conclui sua dissertação de mestrado sobre *Possibilidades Vocais e Fator Psicológico do Soprano Ligeiro*; Josani Keuniker, cantora, flautista, diretora de corais, atualmente residindo na Inglaterra, onde pretende fazer seu doutorado.

Durante alguns anos, tive tempo para ministrar aulas particulares e conseguir que esses meus alunos se projetassem no mundo artístico e pedagógico. Dentre eles, alguns se tornaram meus filhos "primogênitos": Sandra Morani, que seguiu minha vocação de mestre e que hoje trabalha com muitos alunos; César D'Ottaviano, que cantou conosco no *Teatro San Carlo* de Nápoles, no elenco de *Il Guarany*; Suzel Cabral, também professora de canto; Valdite Accorsi, que também se dedica às Artes Plásticas; Rita Polychuck, que atua em concertos e óperas em São Paulo. Gisele Ganade D'Acol, que trabalha intensamente nos movimentos culturais de Ribeirão Preto.

Por último ficou meu querido ex-aluno Francisco Frias que, além de cantor, possui uma classe maravilhosa de cantores, dentro da *Escola de Música de Brasília*. Seu aperfeiçoamento em canto foi feito na Bélgica, no *Teatro La Monnaie*. Dois ex-alunos estão fora do país realizando suas carreiras artísticas, o tenor Ricardo Pereira, nos Estados Unidos, e o soprano Kátia Guedes, na Alemanha. Três outros ex-alunos vivem na minha saudade, os barítonos Paulo Ferri e Luis Mazzali e o baixo Rui Corbanni dos Santos Caio, que devem estar cantando no Reino do Senhor. Tenho ainda comigo dezenas de alunos que se preparam e que certamente estarão realizando seus sonhos em relação ao mundo artístico em breve.

Com meus alunos da *Unicamp* consegui realizar montagens de pequenas óperas: de Mozart, *Bastien e Bastiene* e *O Empresário*; de Pergolesi, *Serva Padrona*, e, de Ernst Mahle, *A Moreninha*. Além de serem apresentadas no auditório do Instituto de Artes da *Unicamp*, foram também realizadas no *Teatro do Centro de Convivência Cultural de Campinas* e no *Teatro da Escola Livre de Música de Piracicaba*. *A Moreninha* circulou por várias cidades do interior de São Paulo.

Além disso, a possibilidade que encontrei, no Departamento de Música, de contato com os grandes mestres deste país, musicistas, compositores e maestros, as vertentes que se abrem à pesquisa e à realização de projetos artísticos, fizeram de minha atividade acadêmica uma das fases mais enriquecedoras de toda minha carreira.

Doutorado

Quando passei a fazer parte do Corpo Docente do Departamento de Música do Instituto de Artes da *Unicamp*, comecei a namorar a idéia de um Doutorado.

Era, na época, sonho e responsabilidade além de minhas possibilidades e um desafio que eu devia encarar, pois me tornara professora universitária e minha obrigação era a de estar academicamente de acordo com as exigências da Universidade. Pensando nisso, saí a campo, primeiro buscando um tema original e, depois, entrando de corpo e alma na pesquisa do tema escolhido: Carlos Gomes.

Amigos maestros, principalmente o maestro Colacioppo, me aconselharam a fazer uma análise e escrever sobre a obra lírica de Carlos Gomes, ou seja, todas as óperas, inclusive as inacabadas. Esse seria, sem dúvida, um trabalho de fôlego, porém faltou-me "o fôlego", na ocasião, para desenvolvê-lo. Surgiu então a idéia de levantar dados para uma pesquisa sobre as canções do compositor campineiro e sua obra vocal de câmara. Daí o título de minha tese *A Música Vocal de Câmara de Antonio Carlos Gomes.*

O compositor campineiro sempre esteve presente em minha vida artística: suas canções, suas óperas, música sacra, pianística, orquestral etc. Foram anos de pesquisa e o levantamento de dados levou-me a Belém do Pará, Curitiba, Salvador e Rio de Janeiro, a fim de recolher o material utilizado para compor a tese. Modinhas, canções, cantatas, revistas de ano, além de autores de textos, dedicatórias, pseudônimos e... Datas. Finalmente em 1990 consegui meu tão sonhado título de *Doutor em Artes na Universidade Estadual de Campinas*.

Passaram-se os anos e, em 2001, eu me despedi da minha querida Universidade. Completei meu tempo de serviço e outros professores, jovens, têm o direito de sentir o prazer que sempre tive em pertencer a esse elenco de verdadeiros artistas e mestres. Meu preparo psicológico foi suficiente para passar por mais esse "adeus", que a vida me impôs.

O primeiro foi minha saída das encenações. Adeus difícil, porém resignado, e até certo ponto feliz, por deixar o palco quando ainda estava no apogeu de minhas condições vocais e cênicas. Dei graças a Deus por ouvir, de amigos e admiradores, *"Que pena, ela deixou de cantar"*, quando, sobre outras cantoras, já ouvi: *"Que pena, ela ainda canta"*.

Ainda canto, sim, mas com a consciência de realizar meus concertos em absoluta forma, apesar de meus 73 anos e apesar de outras companheiras, que preferiram assistir. Quanto à Unicamp, tenho certeza que daria conta de minhas aulas ainda por muito tempo. Mas as leis, a compulsória, e mesmo meu descanso, mais que merecido, devem ser respeitados.

Guardarei sempre, pelo resto de meus dias, em meu coração, a lembrança feliz de minhas passagens pela Universidade, além do encontro sempre carinhoso com meus colegas. Serei sempre grata ao imenso aprendizado acadêmico que completou meu lado artístico.

Você deve estar se perguntando sobre o que me resta, ainda... Devem estar, todos, pensando que me tornei uma senhora idosa, doméstica, sem nenhuma ocupação e com muitos problemas porque sequer sei fazer crochê, tricô, bordar, não gosto muito de televisão e não tenho computador... Nada disso.

Tenho muito, muito que fazer. Senão vejamos: quase todos os meus ex-alunos necessitam, de vez em quando, de uma ajuda em seus recitais, seja quanto à interpretação, seja quanto à técnica.

Deixei as classes de graduação na Unicamp, porém continuo com o trabalho de orientação aos alunos da Pós-Graduação do Instituto de Artes. Sou constantemente chamada para participar das bancas de concursos públicos, defesas de tese de mestrado e doutorado.

Além dos ex-alunos, estudantes adiantados da classe de canto, e cantores já profissionais, insistem comigo para que eu ministre cursos de interpretação lírica. É claro que aceito e realizo oficinas, workshops e master classes em Brasília, São Paulo, Piracicaba, além dos cursos sobre o Método Kodaly.

O Decasom continua comigo irá até quando não

agüentarmos mais; já estamos juntas há vinte e cinco anos e pretendemos continuar, sem nenhuma preocupação profissional, somente pelo prazer de fazer música. Duas academias aguardam meus trabalhos.

Membro ativo da *Academia Campineira de Letras e Artes*, exerço aí a função de Diretora Artística. Em nossas reuniões mensais, depois da parte literária, sempre terminamos o ato acadêmico com uma parte musical.

Presidente da *Academia Campineira de Música*, carrego a responsabilidade de organizar a parte artística dessa Academia, que possui em seu quadro, sem exagero nenhum, os maiores músicos brasileiros.

Tenho certeza, sem falsa modéstia, de que os Festivais de Música do país continuarão solicitando minha presença para os cursos de Técnica Vocal e Canto.

Apesar da minha 3ª idade, continuo na ativa com meus recitais e concertos. Mas posso garantir que tenho um preparo psicológico e uma autocrítica muito severa. Se ainda canto é porque tenho certeza de que não estou decepcionando o meu público com uma linha hesitante de canto. Meus compromissos, a partir de 2002, parece que se multiplicaram. Quer ver?

2002

- *Março*

Concerto Nos tempos dos Modernistas, em homenagem a Villa-Lobos e Olívia Penteado, a Senhora das Artes, na FAAP. Ao piano, Achille Picchi.

- *Abril*

Concerto em homenagem a Prudente de Moraes, na Escola de Música de Piracicaba. Ao piano, Cecília Bellato

Recital Compositores da Semana de 22, no Teatro Unimep, em Piracicaba. Ao piano, Achille Picchi

- *Maio*

Grande Concerto com a Orquestra Petrobrás, sob a regência de Henrique Morelembaum, na Sala Cecília Meireles, no Rio de Janeiro, dentro da série Petrobrás apresenta o Artista Brasileiro.

Cerimônia de entrega do Troféu Fumagalli

Cerimônia de entrega do Troféu Mulheres que

Marcaram a História Contemporânea
- Setembro
Apresentação do VII Prêmio Carlos Gomes
- Novembro
Concerto Oficial de Reinauguração do *Teatro Santa Isabel*, no Recife, com a Orquestra Sinfônica do Recife regida por Osman Giuseppe Gioia.
- Dezembro
Concerto no lançamento do Livro A Ópera Italiana após 1870, de Lauro Machado Coelho, no Teatro Municipal de São Paulo
Concerto Amostragem da ópera Joana de Flandres, de Carlos Gomes, no Projeto Memória da Ópera Brasileira, regência de Fábio Oliveira.

2003
- Setembro
Inauguração, em Campinas, da Sala Niza Tank.
Concerto Oficial da Semana Carlos Gomes, com a Orquestra Sinfônica Municipal de Campinas, sob a regência de Ricardo Kanji.
- Outubro
Abertura Oficial da X Semana Unimediana com o recital Voz e Viola, com Ivan Vilella.

- Novembro

Cerimônia de outorga do Título de Mérito Scientiarum Persona Magnifica, do Clube dos Escritores de Piracicaba.

Concerto Lírico com a Orquestra Sinfônica Municipal de Americana, regência do maestro Carlos Lima, em Mogi Mirim

- Dezembro

Repetição do Concerto de Mogi Mirim na Sala São Paulo, na programação dos Concertos Matinais

Cerimônia de entrega do Troféu Limeira, concedido pela Câmara Municipal.

2004

- Janeiro

Recital 450 Anos da Cidade de São Paulo, no Clube Atlético Paulistano, apresentando Bacchianas Brasileiras e Variações sobre o Luar do Sertão, acompanhada por Inezita Barroso.

- Fevereiro

Concerto Lírico na Sala Glória Rocha, de Jundiaí. Ao piano: Antenor Moraes de Arruda Camargo

- Março

Participação especial em concerto da Orquestra Sinfônica de Limeira, sob regência de Rodrigo Müller, em comemoração à Semana da Mulher. Entrevista com Sara

E aqui estamos nós. Isso tudo é muito trabalho para quem completa, neste ano, 50 anos de carreira como cantora lírica, sem nunca ter parado de cantar. O canto é um fenômeno físico, e não é qualquer um que consegue se manter em atividade por tanto tempo.

Acredito que, o que recebi de Deus como um dom , minha voz, é para ser repartido, enquanto eu tiver condições para isso.

Assim, podem ficar tranqüilos: ao primeiro sinal de falência muscular, principalmente diafragmática, que não me permita manter a sonoridade que eu desejo, sem dúvida nenhuma, colocarei um ponto final nas apresentações públicas.

Começo a considerar, a essa altura da minha vida, a possibilidade de um descanso, para poder desfrutar um pouco mais de meu cantinho na praia, em Caraguatatuba, o minúsculo apartamento, com todo conforto, que eu chamo de "meu paraíso".

Minha Felicidade

Agradeço a Deus o lar constituído, sadio e sobretudo feliz que tive. Rica? Não. De situação financeira acomodada, vivendo de salário de funcionário público, papai nunca permitiu que a família passasse por dificuldades básica.
Fomos uma família de classe média. O salário de papai dava justo para nossas necessidades.

Quem administrava era, sem dúvida, mamãe. Ela dividia o salário que ele, religiosamente, colocava em suas mãos.
Quantas vezes mamãe se privava de pequenas regalias para nos favorecer. Tivemos, minha irmã e eu, colégios particulares, estudos extra de piano e canto, Faculdade...
O pai, grandalhão e exuberante, se deliciava quando ia a São Paulo assistir minhas apresentações nas óperas e dizia aos amigos, com seu vozeirão, em relação à minha voz: *"Puxou ao*

pai". Mamãe, pequenina e silenciosa, nada dizia, mas seu coração estava sempre feliz com minhas vitórias, e sua presença constante ao meu lado dava-me alento e incentivo. Responsável pela administração financeira e pelo bom andamento da casa, sua tranqüilidade raramente se alterava e ela, então, demonstrava toda a mistura de seu sangue português e espanhol.

Minha mãe, minha doce companheira insubstituível.

Minha irmã, combinação perfeita de pai e mãe, muito mais para o pai, com seu espírito expansivo, alegre, descontraído, vez por outra desligado. Somos mais que irmãs, somos um pouco pai e mãe, uma para outra. Nunca nos desentendemos, porém, se acontece uma discórdia, é por meu espírito intransigente e autoritário. Meu marido me chamava de "Sargenton".

Assumi a direção da casa quando mamãe se foi e procuro dividi-la com minha irmã, porém nem sempre consigo, e apesar desses pequenos desencontros, nós nos amamos e muito.

Em 1973, aconteceu, em minha vida, a complementação da minha felicidade.

Percorri meus caminhos envolvida pela carreira artística. Raramente passava por minha cabeça a possibilidade de um casamento.

Se chegava a pensar nesse assunto, que entra nas considerações de uma mulher, em minhas conversas com Deus fazia exigências em relação ao pretendente: ser inteligente, culto, fino e perfumado, não ser alemão e gostar de música... Sem ser músico.

Pois bem, no verão de 1973 fui convidada pela Secretaria da Cultura da Prefeitura Municipal de Campinas, através de seu secretário, Professor José Alexandre dos Santos Ribeiro, para conceder uma entrevista a um jornalista europeu, vindo da Espanha.

Esse jornalista realizava uma pesquisa sociocultural em capitais do nosso país e, incluídas nessa pesquisa, duas grandes cidades do estado de São Paulo: Campinas e Ribeirão Preto.

É público e notório, para as pessoas que me conhecem, que tenho ojeriza por entrevistas para jornais, TV, rádio, assim como por fotos. Foi assim que, com muito mau humor, compareci à tal entrevista, na Secretaria de Cultura da Prefeitura, onde já me esperava o pomposo Secretário. Diga-se de passagem, que fui a esse encontro quase empurrada por Cida, uma prima muito querida, que achava absurda minha atitude em rejeitar essa possibilidade de me encontrar com a cultura européia, relatando uma pequena parte de minhas realizações artísticas, dentro e fora do país.

Às 17 horas, com um calor de 32 °C à sombra, eis que surge na ante-sala do secretário da cultura um homenzinho, vestindo um terno de lã, gravata, com abotoaduras aparecendo na manga comprida de uma camisa muito bem passada. Seus poucos cabelos, já grisalhos, corretamente penteados; uma cabeça altiva e o olhar agudo, exibindo dois maravilhosos olhos azuis. Não era bonito, porém, simpático. Com ar superior e distante, cumprimentou-me por cortesia. Naquele instante, achei-o antipático e pretensioso. Mal sabia que ele também teve, de mim, a mesma impressão.

Nossa entrevista, com perguntas de alto nível, fez-me pensar muito nas respostas e mudar de opinião a respeito do entrevistador.

Era um homem culto, inteligente, conhecedor da matéria (ópera, canto, personagens, formação de imagens, técnica apropriada a cada repertório).

Ao final de nossa conversa, que durou quase duas horas, já não havia mais funcionários na secretaria, nem motoristas para levar o jornalista a seu hotel e somente o Secretário, pacientemente, aguardava o final da entrevista.

Ofereci uma carona em meu fusca e ele aceitou, sob uma condição: tomarmos um drink, antes de deixá-lo no hotel. Fomos à *Torre di Pisa*, e ai fiquei sabendo que o homem que estava à minha frente seria, sem dúvida, meu futuro marido: Professor Dr. Samuel Lisman - culto, fino, perfumado e... Não era nem alemão e nem músico. Depois de aceitar mais dois convites para almoços, recebi, ao terceiro dia, um ramo de rosas vermelhas com um cartão: *"Niza, buenas tardes. Te quiero"*.

Agradeci a Deus este presente que Ele me mandava e, um ano depois, estávamos casados. Por 28 anos repetimos nossas juras de amor. Por 28 anos vivemos uma paz e felicidade sem limites.

Ele foi, para mim, meu amigo, companheiro, amante e, sobretudo, o amor verdadeiro que tudo pode, porque está acima de tudo o que está abaixo de Deus.

Meu Samuel... minha felicidade!

IV Prêmio Carlos Gomes - Sala São Paulo 1999

264 **Créditos das fotografias:**
Todas as fotografias utilizadas pertencem ao acervo pessoal de Niza de Castro Tank.

fotolito, impressão e acabamento

imprensaoficial

Rua da Mooca, 1921 São Paulo SP
Fones: 6099-9800 - 0800 123401
www.imprensaoficial.com.br